Spiritualität
mit allem Drum und Dran

Grundwissen mit praktischen Übungen

AF190059

Melanie Bettina Knauer

Spiritualität
mit allem Drum und Dran

Grundwissen mit praktischen Übungen

Bibliografische Information der Deutschen Nationalbibliothek:
Die Deutsche Nationalbibliothek verzeichnet diese Publikation
in der Deutschen Nationalbibliografie; detaillierte bibliografische Daten sind im Internet über dnd.dnd.de abrufbar.

© 2019 Melanie Bettina Knauer
Herstellung und Verlag: BoD – Books on Demand, Norderstedt
ISBN: 9783750425903

Lektorat: Sandra Güttel

Coverdesigner: Giusy Ame / Magicalcover.de
Bildquelle: Depositphoto
Illustrationen und Rahmen: Chiara Krause

Inhalt

Widmung

Für meinen Schatz Keisha

... bis zum Mond, hundertmal
Drumherum und dann erst
zurück!

Vorwort

Dieses Buch ist für jeden gedacht, der sich weiterentwickeln möchte und bereit ist, sich dafür zu öffnen. Es spielt keine Rolle, ob du weiblich oder männlich bist, wie alt du bist und aus welchem sozialen Umfeld du kommst. Die einzige Frage, die du dir selbst stellen sollst, ist: „Bin ich bereit, Dinge, die mir bisher vielleicht unvorstellbar erschienen, in mein Leben zu lassen und damit meinen Horizont zu erweitern?" Kannst du diese Frage mit JA beantworten, dann bist du hier genau richtig.

Die Wissenschaft kann und möchte die Spiritualität bislang nicht anerkennen. Die Ansichten seien Humbug und die Heilmethoden können nicht wirken. Meiner Erfahrung nach funktionieren sie aber sehr gut. Und damit bin ich nicht alleine. Millionen von Menschen auf der ganzen Welt leben und praktizieren die Spiritualität mit großer Leidenschaft. Immerhin sind die Methoden teilweise schon mehrere tausend Jahre alt und haben sich seitdem bewährt. Sonst hätten sie sich kaum durchgesetzt und wir würden sie heute wohl nicht mehr anwenden. Und fest steht auch, dass dein Unterbewusstsein dich hierhergeführt hat. Mach deine eigenen Erfahrungen und finde heraus, wie du mit dem Universum interagieren kannst und welche Möglichkeiten sich dir dadurch eröffnen.

Die Idee für das Buch war ein spontaner Einfall. Während ich mir mehr Gedanken machte, fiel mir eines auf: Als ich damals anfing, mich intensiv mit der Spiritualität zu beschäftigen, musste ich mir alle Informationen selbst zusammensuchen. Immer wieder hörte oder las ich etwas Neues und ich begann mit Nachforschungen, um mehr zu erfahren, was es damit auf sich hat. Kurz gesagt, es dauerte Jahre, bis ich meinen jetzigen Wissensstand erreicht habe. Den größten Sprung meiner persönlichen Entwicklung machte ich durch die Ausbildung zur Rückführungsbegleiterin. In dieser Tätigkeit lernte ich unter anderem, wie wichtig es für mich ist, Verantwortung für die Problemlösung anderer Menschen zu übernehmen, deren Bedürfnisse wahrzunehmen und diese ehrlich und motivierend zu unterstützen. Und genau das möchte ich hier nun weiterführen.

Es ist mein Wunsch, dir den Zugang zu erleichtern, sodass du dich in der weitläufigen Welt der Spiritualität besser zurechtfindest.

In diesem Buch kannst du viele Antworten und Informationen finden, die deine bisher vorhandenen spirituellen Erkenntnisse zu einem detaillierten Gesamtbild erweitern. Es ist eine Übersicht über die wichtigsten Themen, die aufeinander aufbauen. Du wirst bemerken, dass das Wissen über die Eigenschaften eines Themas für andere Bereiche ebenso nützlich wie notwendig ist. Alles ist miteinander verknüpft, alles ist miteinander verbunden.

Du hältst nicht nur einen Ratgeber in deinen Händen, sondern einen Wegbegleiter für deine Expedition durch die spirituelle Welt. Im letzten Teil habe ich dir ein Glossar, ein Stichwortverzeichnis, erstellt. Du kannst es später jederzeit nutzen, um Begriffe und Einzelheiten zu bestimmten Themen nachzuschlagen.

Die Praxisübungen sind bewusst einfach gestaltet. Das bedeutet, du kannst sofort beginnen und musst dafür nicht erst viele Utensilien anschaffen. Meist reichen Dinge, die jeder zuhause hat. Du selbst bist das wichtigste Werkzeug. Für einen besseren Überblick sind alle Übungen durch einen Rahmen hervorgehoben, so findest du sie leichter.

Nun wünsche ich dir viel Freude dabei, Neues zu erkunden, dein Wissen zu erweitern und zu vertiefen. Deine Verbindung zur geistigen Welt wird gestärkt und du wirst in der Lage sein, mit ihr zu arbeiten. Dadurch kann und wird sich dein Leben positiv verändern und dich deinen Wünschen und Zielen näherbringen.

Hinweis

Ich möchte darauf hinweisen, dass die alternativen Methoden, die ich in diesem Buch beschreibe, keinen Arzt oder Heilpraktiker ersetzen. Auch rate ich nicht dazu, eine ärztliche Behandlung zu unterbrechen oder abzubrechen. Dasselbe gilt für die Medikamenteneinnahme. Alternative Heilmethoden aktivieren die Selbstheilungskräfte und können eine medizinische Behandlung lediglich unterstützen. Durch die aufgeführten Methoden verspreche ich keine Heilung oder Linderung der Symptome.

Der gesamte Inhalt wurde nach bestem Wissen und Gewissen zusammengetragen. Die aufgeführten praktischen Übungen sind ausschließlich für positive Zwecke geeignet und können keinen Schaden für den Durchführenden oder für Dritte anrichten.

Teil 1

Was genau ist Spiritualität und warum ist sie so wichtig für uns?

Worauf kommt es im Leben wirklich an, warum bin ich hier und was sind meine Aufgaben? Es passieren täglich so viele Dinge um uns herum, manche sind gut und manche schlecht.

Ergibt das alles einen Sinn oder sind wir nur Opfer des Zufalls? Wir unterliegen aber den kosmischen Gesetzmäßigkeiten, die Zufälle unmöglich machen. Wer oder was bestimmt also die falsche Zeit und den falschen Ort? Warum werden einige vom Schicksal so gebeutelt und andere führen ein Leben ohne Höhen und Tiefen? Wie kann es sein, dass manche Menschen jeden Erfolg für sich verbuchen können, andere hingegen trotz großer Mühe immer auf der Stelle treten? Weshalb ist das Beziehungsglück oft nur von kurzer Dauer?

Gemeinsam werden wir diesen Fragen auf den Grund gehen. Mithilfe dieses Buches wirst du auch in der Lage sein, Zusammenhänge zu sehen, zu verstehen und dir daraufhin vieles selbst erklären zu können. Ich möchte dich ermutigen, deinen inneren Radius zu erweitern, indem du über den Tellerrand hinausschaust. Öffne dich für eine andere Sicht auf die Dinge. Du wirst neue Bereiche entdecken und dich anschließend komplett neu positionieren können, wenn du das gerne möchtest.

Spiritualität ist eine Lebenseinstellung. Wir glauben an eine höhere Wirklichkeit und deren Sinn, sowie an eine geistige Verbindung zum Universum. Und so richten wir unser Leben danach aus. Es leitet sich vom lateinischen „Spiritus" ab und bedeutet „Geist, Seele". Es gibt zwei Arten von Spiritualität. Die Religiöse, in der die Menschen ihre Führung einem Gott, mehreren Göttern oder Buddha überlassen. Und die Freie, konfessionsungebundene, in der man an das Universum glaubt. Sie ist für jeden etwas, der unsichtbare Existenzen in seinem Leben zulassen kann. Sie ist für Menschen, die wissen, dass die Wahrheit nicht im Außen, sondern in uns selbst liegt. Und wir daher die Antworten auf essentielle Fragen in uns selbst finden können.

Nicht jeder ist in einer spirituellen Umgebung aufgewachsen, in der vermittelt wurde, dass es außer uns noch mehr gibt. Viele finden erst durch ein einschneidendes Erlebnis zur Erkenntnis des „großen Ganzen" und können so ein besseres Verständnis für sich und die Welt entwickeln. Es kann beruhigend wirken, wenn wir den Kreislauf verstehen und wissen, dass danach nicht alles aus ist und noch etwas auf uns wartet.

Anhand verschiedener spiritueller Methoden und Techniken können wir uns besser kennenlernen und unser Inneres verstehen. Wir sind mehr bei uns und beschäftigen uns mehr mit uns selbst, ohne dabei in den Egoismus zu fallen. Wir werden ruhiger und gelassener. Aufreibende Situationen mit anderen Menschen bringen uns nicht mehr so schnell auf die Palme. Wir handeln überlegter und wählen unsere Worte mit Bedacht. Mit Problemen können wir besser umgehen, da wir diese aus anderen Blickwinkeln betrachten und objektiver bewerten. Wir wissen, dass es keine ausweglosen Situationen gibt. Es gibt immer mehrere Möglichkeiten und Wege für eine Lösung und wir sind imstande, diese zu finden. Die eigene Ausstrahlung ändert sich automatisch, wenn wir Positives in uns tragen. Jeder geht viel lieber auf Menschen zu, die ein freundliches und herzliches Wesen haben.

Obwohl wir eigenständige Individuen sind, fühlen wir uns mit allen anderen Lebewesen verbunden. Wir sind eins. Wir zeigen Toleranz gegenüber Menschen, die eine andere oder keine Glaubensrichtung haben, sowie eine andere Weltanschauung vertreten. Jeder ist frei in seinem Denken und hat den freien Willen. Echte Spiritualität zeichnet sich gegenüber anderen durch Akzeptanz und Verständnis aus.

Die Spiritualität, wie wir sie hier im Westen leben und praktizieren, ist überwiegend vom Buddhismus und Hinduismus beeinflusst. Dabei übernehmen wir deren Begriffe und Methoden. Und außerdem verwenden wir viele Wörter aus der altindischen Hindu-Sprache „Sanskrit". Ebenso haben wir vollständige Lehren, wie etwa die Chakren- und Kundalini-Lehre, aus dem Hinduismus übernommen. Die innere Ausrichtung, die den Respekt vor allen Lebewesen vermittelt, kommt aus dem Buddhismus. So richten wir uns nach deren Werten und halten uns an die Vermeidung der sieben Todsünden. Diese sind:

Hochmut, Habgier, Wollust, Zorn, Völlerei, Neid und Trägheit.

Mahatma Gandhi hat sie in die heutige Zeit übertragen und wie folgt interpretiert:

„Reichtum ohne Arbeit, Genuss ohne Gewissen, Wissen ohne Charakter, Geschäft ohne Moral, Wissenschaft ohne Menschlichkeit, Religion ohne Opferbereitschaft und Politik ohne Prinzipien.“[1]

Wir leben in einem Zeitalter, in dem die moralischen Grundwerte durch Profit- und Machtgier immer mehr verdrängt werden. Umso wichtiger ist es, dass wir in unserem Inneren die Humanität bewahren und ins Außen transportieren. Wir sollten mit gutem Beispiel vorangehen. So sorgen wir für ein reines Gewissen und verhindern negatives Karma zu erzeugen.

Wir kennen unsere Werte, die wir verfolgen und leben.

---

[1] Die sieben Todsünden http://die-sieben-todsuenden.blogspot.com/2011/04/liste-der-sieben-todsunden.html?m=1, Autor Frank Hoefer, 13.03.17

Hermetische Gesetze

Das Universum und das Leben auf der Erde werden durch die sieben kosmischen Gesetze bestimmt. Sie bilden die Naturgesetze des Lebens und regeln sämtliche nicht-physische Vorgänge. So folgt alles einem Ziel, nichts geschieht zufällig. Im Gegensatz zu den physikalischen Gesetzen, wovon wir die meisten erfassen können, läuft die Wirkung der hermetischen Gesetze im Hintergrund ab. Je mehr wir uns darüber bewusst sind und diese für uns verinnerlichen, desto mehr spüren wir deren Präsenz in unserem Alltag.

Hermes Trismegistos ist die Verschmelzung des griechischen Gottes Hermes und des ägyptischen Gottes Thot. Er wird auch „der dreifach Größte" oder „der dreifach Geweihte" genannt. Als der Gott der Weisheit erkannte er die kosmische Ordnung, in der es keine Zufälle gibt. Alles folgt den Gesetzmäßigkeiten. Der Legende nach schrieb er seine sieben kosmischen Gesetze auf Smaragdtafeln, deren Existenz aber bisher nie bewiesen wurde. Dennoch gelten seine Texte auf allen Ebenen des Seins. Sie sind eine Lebensphilosophie.

Diese Gesetze, auch Prinzipien genannt, klingen anfangs etwas trocken, aber wir sollten unser Denken danach ausrichten. Denn wenn wir die Gesetze verstehen und auf unsere Lebenssituationen entsprechend anwenden, können wir unser Leben in die gewünschte Richtung lenken. Daher sind sie auch sehr wichtig für die spirituelle Arbeit. Sie werden dich ab jetzt bei allem was du tust, begleiten. Diese sieben Prinzipien lauten:

1. Das Prinzip des Geistes
   Alles, was wir denken und aussprechen, erschafft die Wirklichkeit

2. Das Prinzip von Ursache und Wirkung
   Gleiches muss Gleiches erzeugen
   Aktion = Reaktion

3. Das Prinzip der Entsprechungen oder Analogien
   Wie oben, so unten
   Wie innen, so außen

4. Das Prinzip der Resonanz oder Anziehung
   Gleiches zieht Gleiches an

5. Das Prinzip der Harmonie oder des Ausgleichs
   Gib, um zu bekommen

6. Das Prinzip des Rhythmus oder der Schwingung
   Alles schwingt und bewegt sich
   Alles was starr ist, wird zerbrechen

7. Das Prinzip der Polarität und der Geschlechtlichkeit
Gegensätze sind in ihrer Natur identisch[2]

Im Grunde verschmelzen alle diese Prinzipien miteinander und begleiten uns Tag für Tag. Eine der Kernaussagen ist: *„Die Energie folgt der Aufmerksamkeit".*

Alles, was wir denken und sagen, erschafft unsere Wirklichkeit. Wir müssen sehr vorsichtig sein und auf unsere Gedanken und Worte achten, denn wir kreieren Wunderbares oder Zerstörung.

Starten wir mit negativen Gedanken in den Tag, wird er negativ verlaufen. Es macht einen großen Unterschied, ob wir uns denken: „Heute wird es bestimmt wieder schrecklich bei der Arbeit", oder „Egal, was heute so passiert, ich werde alles schaffen!". Haben wir eine innere Wut, müssen wir uns nicht wundern, wenn wir auf wütende Menschen treffen. Zweifeln wir an einem Vorhaben und sehen es schon als gescheitert, wird es exakt so passieren. Beschäftigen wir uns mehr mit Krankheit als mit Gesundheit, werden wir krank. In die Richtung, in die unsere Aufmerksamkeit geht, fließt die Energie. Wie können wir diese Gesetze für uns nutzen?

---

[2] Wirkende Kraft, https://www.wirkendekraft.at/Kosmische_Gesetze/, Autor Katharina Linhart, 15.03.17

Für den Anfang ist es gut, sich in Konfliktsituationen an die eigene Nase zu fassen. Warum ist diese Situation so gereizt, hasserfüllt oder einfach unbefriedigend verlaufen? Wir können einen Moment innehalten, die Situation und uns selbst reflektieren und uns fragen: „Was in meinem Inneren hat dazu beigetragen oder es womöglich sogar ausgelöst?"

Die Außenwelt ist ein Spiegel, der uns aufzeigt, was in unseren Köpfen vorgeht. Wenn wir liebevoll und freundlich behandelt werden möchten, dann müssen unsere Gedanken liebevoll und freundlich sein. Wollen wir ein Ziel erreichen, dann müssen wir einen positiven Ausgang sehen. Wenn wir dieses Prinzip verinnerlichen und vollständig leben, haben wir die Möglichkeit, ein wunderschönes und erfülltes Leben zu führen.

Die australische Autorin Rhonda Byrne hat mit ihrem Buch „The Secret" genau dieses Thema aufgegriffen - das Gesetz der Anziehung - und damit einen weltweiten Bestseller geschrieben. Mit positiven Worten und Gedanken ziehen wir demnach Positives an. Negatives zieht Negatives an.

Natürlich ist es ebenso wichtig, wie wir über uns selbst denken und reden. Selbstverurteilung und Kleinreden sind fatal. Jeder ist sein eigener Schöpfer, also machen wir was daraus!

„Sieh mal genauer hin, die Welt ist voller Wunder.
Erschaffe doch dein eigenes!"

Raziel

Das morphogenetische Feld

Das morphogenetische Feld, oder morphisches Feld genannt, ist eine Verbindungsebene, die die Wissenschaft mit der Spiritualität vereint. Der Begriff „Morphogenese" setzt sich aus den griechischen Wörtern „morphe" (Form) und „genesis" (Entstehen) zusammen. Die Weiterentwicklung dieses Begriffes stammt von dem britischen Biochemiker und Pflanzen-Physiologen Dr. Rupert Sheldrake (*1942). Er erkannte die Kommunikation zwischen Lebewesen über einen unbewussten Informationskanal. So übernehmen Wesen einer Spezies neu erlernte Fähigkeiten ohne direkten Kontakt zueinander und das sogar über Kontinente hinweg. Das morphogenetische Feld ist also ein Bewusstseinsfeld, das alles umgibt und mit dem jedes einzelne Bewusstsein verbunden ist. Wir können es uns als ein Energiefeld vorstellen, das die Materie mit dem Bewusstsein verbindet, aus dem Informationen aufgenommen werden.

Die Informationen im morphogenetischen Feld befinden sich in ständigem Fluss. Daher ist es nicht verwunderlich, dass sie uns in Form von Gedankenübertragung ununterbrochen erreichen, bewusst oder unbewusst. Dies kennen wir unter dem Begriff *Telepathie*. So merkt ein Hund, dass sein Besitzer nach Hause kommt, obwohl dieser noch kilometerweit entfernt ist. Eine Mutter spürt, dass ihrem Kind etwas zugestoßen ist oder wir wissen schon mit dem ersten Klingelton, wer gerade anruft.

Wir gehen davon aus, dass sich eine gewisse Familiendynamik über Generationen vererbt, die über das morphogenetische Feld geprägt wird. Jedes Familienmitglied trägt diese Verhaltensmuster und Persönlichkeitsmerkmale unbewusst weiter. Diese können sowohl positiv, als auch negativ sein. Im ungünstigen Fall blockieren sie unser Leben und erschweren das Zusammensein mit unseren Lieben. Um es deutlicher zu machen, möchte ich ein Beispiel nennen:

Die Urgroßmutter war ihr Leben lang Hausfrau und hatte mehrere Kinder. Es war selbstverständlich, dass sie sich alleine um die Erziehung und den Haushalt kümmerte, denn ihr Mann musste den ganzen Tag arbeiten. Für sie war es normal, sich voll und ganz für das Wohl der Familie zu opfern. Die Zeiten waren hart und jeder musste funktionieren. Ihre Tochter, in unserem Beispiel die Großmutter, führte diese Struktur weiter. Sie lernte von ihrer Mutter, wie sich eine Frau zu verhalten hat, um dem Ehemann den Rücken freizuhalten und die Kinder in die damalige Gesellschaft ordentlich zu integrieren. Und so zog sich das Muster der Aufopferung durch die weibliche Familienlinie. Die heutige Tochter oder Enkelin hat es damit womöglich sehr schwer. Die Zeiten der Hungersnöte sind glücklicherweise vorbei und die Emanzipation erhielt auch Einzug in die Gesellschaft. Trotzdem spürt sie ständig diesen inneren Zwiespalt und den damit verbundenen Druck. Sie hat unbewusst Schuldgefühle, weil sie arbeiten geht anstatt sich ausschließlich der Familie zu widmen. Also muss sie in ihrer Freizeit alles nachholen, was sie durch die Arbeitszeit verpasst hat. Sie kann sich keine Pause gönnen, denn zuhause muss alles perfekt sein. Früher oder später bricht sie unter dem Druck und der Anspannung zusammen.

Heutige Generationen wissen meist Bescheid über ihre Vorfahren und deren damalige Situationen. Allerdings ist es vielen nicht bewusst, wie sehr sich gewisse Muster in uns festgesetzt haben. Immer wenn etwas unlogisch erscheint, es also keinen nachvollziehbaren Grund für ein bestimmtes Verhalten gibt, könnte es sich um einen Zusammenhang mit dem morphogenetischen Feld handeln. Um diese Muster zu unterbrechen, zu lösen und somit zu verhindern, dass auch weitere Nachkommen diese Strukturen übernehmen, müssen die Informationen im Feld verändert werden.

Eine sehr wirkungsvolle Methode, um das zu erreichen, ist eine Familienaufstellung oder eine Systemische Strukturaufstellung (SySt®). Diese werden von systemischen Coaches (die auch Therapeuten und Heilpraktiker sein können) angeboten, um die wiederkehrenden Problematiken ihrer Klienten zu beenden. Sie arbeiten mit mehreren Personen, wobei der Klient nur als Zuschauer anwesend ist. Familienmitglieder werden durch Stellvertreter ersetzt. Dabei kann festgestellt werden, wie stark das morphogenetische Feld tatsächlich wirkt. Sind beispielsweise die ständigen Auseinandersetzungen mit dem Vater das Thema, fühlen die Stellvertreter bereits die Emotionen der aufgestellten Personen, die sie aus dem Feld aufnehmen. Ist am Ende die Problematik geklärt und gelöst, spürt der Klient die Befreiung und er kann nach kurzer Zeit auch die Veränderung am Vater bemerken. Dessen Verhalten ist entspannter, obwohl er bei der Aufstellung physisch gar nicht anwesend war und möglicherweise nicht einmal etwas davon wusste.

Was bedeutet „feinstofflich"?

In der Spiritualität verwenden wir den Begriff *feinstofflich* sehr häufig. Er ist wichtig, um kurz und bündig verständlich zu machen, was wir meinen und womit wir es zu tun haben.

Grundsätzlich unterscheiden wir zwischen *grobstofflich* und *feinstofflich*. Die Grobstofflichkeit bezeichnet die sichtbare Materie, die wir durch unsere fünf Sinne wahrnehmen. Lebende Organismen, wie Menschen aus Fleisch und Blut, Tiere, Pflanzen, aber auch Gegenstände, bestehen aus einem grobstofflichen Körper. Alles Grobstoffliche ist greifbar, messbar, wandelbar und vergänglich - das Heimspiel der Wissenschaft.

Die Feinstofflichkeit dagegen ist eine energetische Schwingung. Sie hat eine geringere Dichte, ist feiner, beweglicher und kann alles durchdringen. Sämtliche Informationen werden gespeichert und es kann nichts verloren gehen, da alles Feinstoffliche bleibt. Wir können sie nicht mit unseren normalen Sinnen erfassen. Sie ist nur durch übersinnliche Wahrnehmung zu erkennen. Alles, was uns umgibt und Schwingungen auslöst, ist feinstofflich. Wie unsere Chakren und Lebensenergie, sowie die Aura und das morphogenetische Feld. Auch unsere Seelen, ob inkarniert oder nicht, sind feinstofflich, genau wie die Wesen in anderen Welten. Zu diesen Wesen zählen die Engel und die verschiedenen Arten von Geistern. Alternative Heilmethoden, die sich mit dem Energiesystem beschäftigen, basieren alle auf der Feinstofflichkeit.

Auf der körperlichen Ebene wird meist nur die physische Schicht gesehen. Ist dort eine Krankheit vorhanden, ist es genauso wichtig, die feinstofflichen Schichten gleichermaßen zu behandeln. Medikamente und Therapien können nicht richtig oder nachhaltig wirken, wenn sich die Blockade im feinstofflichen Energiebereich manifestiert hat. Der grobstoffliche physische Körper und sein feinstoffliches Energiesystem haben auf den ersten Blick unterschiedliche Aufgaben, trotzdem gehören sie unabdingbar zusammen. Körper, Geist und Seele sollten zu gleichen Teilen miteinbezogen werden. Kurz gesagt, fühlt sich der feinstoffliche Körper wohl, geht es auch dem physischen Körper gut. Der Mensch muss demzufolge immer „ganzheitlich" betrachtet werden.

Unser Energiesystem

Unser Körper vollbringt Erstaunliches, jeden einzelnen Tag. Den größten Teil der Arbeit des grobstofflichen Körpers können wir beobachten. Wir nehmen unseren Herzschlag wahr, sehen die Wölbung des Bauches beim Atmen und freuen uns über die Beweglichkeit unserer Gliedmaßen. Aber was spielt sich „hinter den Kulissen" ab? Was leistet unser feinstofflicher Körper?

Das menschliche Energiesystem ist ein wahres Wunderwerk, das in verschiedene Bestandteile unterteilt ist:

- *Die Energiebahnen oder -kanäle, die Lebensenergie transportieren*
- *Die Energiezentren, die Lebensenergie aufnehmen und weiterleiten*
- *Die Energiekörper, die die Aura bilden*

Zusammen bilden sie eine Einheit und befinden sich in ständigem Austausch miteinander. Wie sie das genau machen und warum eine Störung so entscheidend ist, möchte ich dir im Nachfolgenden erklären.

Die Hauptchakren

Fangen wir mit den feinstofflichen Energiezentren an - den Chakren oder Chakras. Der Begriff stammt aus dem indischen Sanskrit und bedeutet „Rad, Scheibe".

Die sieben Hauptchakren verlaufen entlang der senkrechten Mittelachse (Wirbelsäule) des Körpers und jedem sind bestimmte Funktionen zugeordnet. Sie sind durch Energiebahnen (Nadis oder Meridiane) miteinander verbunden. Wir können sie uns als kleine Wirbel vorstellen, die Energie aufnehmen und weiterleiten. Kann diese Energie nicht ungehindert fließen, wird unser seelisches und körperliches Befinden beeinträchtigt. Ein vollständig funktionstüchtiges Chakra ist rein, geöffnet und dreht sich gleichmäßig.

Natürlich gibt es noch eine Vielzahl von Nebenchakren. Aber um für unser Gleichgewicht zu sorgen, reicht die Kenntnis über die Hauptchakren aus, da sie als Transformatoren zwischen dem feinstofflichen Bereich und dem physischen Körper agieren.

1. Wurzelchakra

Das Wurzelchakra oder Basischakra ist das erste Hauptchakra. Es liegt in Höhe des Steißbeins und ist der Farbe Rot zugeordnet. Es steht für die Verbundenheit zur Erde, für die Lebenskraft und das Urvertrauen, Stabilität, innere Stärke und für die materielle Ebene. Das Chakra öffnet sich nach unten.

Ist es blockiert, haben wir Überlebens- und Existenzängste, mangelndes Vertrauen, Kraftlosigkeit und uns fehlt Energie.

Körperlich ist es allen festen Bestandteilen zugeordnet wie Knochen, Zähnen, Wirbelsäule, Beckenboden und Nägeln. Zusätzlich beeinflusst es das Blut und den Zellaufbau, den Darm, die Nebennieren und die Prostata. Dem Chakra ist der Geruchssinn zugeordnet.

2. Sakralchakra

Das zweite Hauptchakra ist das Sakral- oder Sexualchakra. Es befindet sich eine Handbreit unter dem Bauchnabel und ist *orange*. Es steht für die Sexualität, die schöpferischen Kräfte, die Begeisterungsfähigkeit und die Bindung zu anderen Menschen. Es öffnet sich nach vorne und hinten (Vorderseite und Hinterseite des Körpers auf gleicher Höhe).

Ein blockiertes Sakralchakra führt zu einem gestörten Sexualverhalten, zwischenmenschlichen Problemen, fehlender Kreativität und wir befinden uns nicht mehr im Fluss des Lebens.

Es ist zuständig für alle Arten von Körperflüssigkeiten wie Blut, Tränen, Schweiß, Sperma und Urin und es beeinflusst die Eierstöcke, Keimdrüsen und Hoden. Der Geschmacksinn ist dem Sakralchakra zugeordnet.

3. Solarplexuschakra

Das Dritte ist das Solarplexuschakra oder Nabelchakra, das sich ca. eine Handbreit über dem Bauchnabel befindet. Es steht für Licht, Energie, Wärme und ist daher natürlich der Farbe Gelb zugeordnet. Es ist der Sitz der Persönlichkeit, der Kraft, der Harmonie, des Durchsetzungsvermögens und der Transformation. Es öffnet sich nach vorne und hinten.

Bei einer Störung kommen egoistische Ziele und verzerrte Machtvorstellungen zum Vorschein. Außerdem zeigt es sich in Gefühlskälte, Gleichgültigkeit, Rücksichtslosigkeit und geringer Lebensenergie.

Körperlich steht es für den Magen und das Verdauungssystem, Leber, Milz, Galle und das vegetative Nervensystem. Das Chakra ist für das Sehvermögen verantwortlich.

4. Herzchakra

Das Herzchakra ist die Nummer Vier. Es ist hellgrün und sitzt in Höhe des Herzens. Daher ist es für die Liebe, Sensitivität, Hingabe, Mitgefühl, Selbstlosigkeit und die Heilung zuständig. Es öffnet sich nach vorne und hinten.

Eine Blockade zeigt sich durch innere Leere, Lieblosigkeit, Angst vor Verletzung, Verbitterung und Kontaktschwierigkeiten.

Physisch werden Herz, Lunge, Haut, Brustkorb, Arme und Hände, Kreislauf und Immunsystem von diesem Chakra beeinflusst. Sinnesfunktion ist der Tastsinn.

5. Kehlchakra

Das fünfte Hauptchakra ist das Kehl- oder Halschakra. Es liegt am Kehlkopf und ist hellblau. Die Kommunikation, Inspiration, Ausdrucksfähigkeit und die Wahrnehmung der inneren Stimme gehören in die Verantwortung dieses Chakras. Es öffnet sich nach vorne und hinten.

Durch eine Blockade können wir uns schlecht ausdrücken, das heißt, wir können nicht klar formulieren, was wir möchten und haben Schwierigkeiten über unsere Gefühle zu sprechen.

Körperlich sind die Ohren, Nacken, Kiefer, Schilddrüse, Hals, Stimmbänder, Speise- und Luftröhre, Bronchien und die obere Lunge dem Kehlchakra zugeordnet. Sinnesfunktion ist der Gehörsinn.

6. Drittes Auge

Das Dritte Auge oder Stirnchakra ist das Sechste und befindet sich in königsblauer Farbe mittig, leicht über den Augenbrauen. Es ermöglicht die Hellsichtigkeit, Intuition, Visionen und Telepathie. Es öffnet sich nach vorne und hinten.

Ist dieses Chakra blockiert oder unterentwickelt, denken wir zu materiell und zu sehr mit dem Kopf. Wir akzeptieren nur das, was rational oder wissenschaftlich erklärbar ist. Außerdem können wir Ideen schlecht umsetzen, haben Lern- und Konzentrationsschwächen.

Auf körperlicher Ebene gehört es zu den Nebenhöhlen,

dem zentralen Nervensystem, Kopf, Gehirn und den Augen. Sinnesfunktion ist die außersinnliche Wahrnehmung.

7. Kronenchakra

Und zu guter Letzt, über dem Scheitelpunkt in der Farbe Weiß, das Kronen- oder Scheitelchakra. Es wird sehr häufig in Violett dargestellt. Meiner Erfahrung nach zeigt es sich in Weiß, was die Verbundenheit mit der höchsten Ebene des Universums anzeigt, in der alles aus reinem, hellen Licht besteht. Das siebte Hauptchakra verbindet uns mit dem Universum und ist das Zentrum der Erleuchtung und des Einheitsbewusstseins. Es verhilft zu klarem Wissen und der Erkenntnis, dass alles einen Sinn ergibt. Es öffnet sich nach oben.

Eine Blockade äußert sich in Orientierungslosigkeit, es fehlt der Sinn und die Ausrichtung im Leben. Körperlich zeigen sich Störungen durch Immunschwäche und chronische Krankheiten.

Wir haben noch zwei weitere Hauptchakren, die nicht in das klassische Hindusystem gehören, da sie nicht dem physischen Körper zugeordnet sind. Da ist zum einen das achte Hauptchakra, der *Seelenstern*. Es schwebt ca. eine Hand breit über dem Kronenchakra und ist der Zugang zu unserem höheren Bewusstsein, unserer Quelle. Zum anderen gibt es das *Seelentor*, das neunte Hauptchakra, das sich über dem Seelenstern befindet und uns Eingebungen aus höheren Welten ermöglicht.

Tiere haben ein anderes achtes Hauptchakra, das *Brachial- oder Schlüsselchakra*. Es verbindet alle Hauptchakren miteinander und steht für die Verbindung zwischen Mensch und Tier. Die Farbe ist grauschwarz und es liegt an beiden Seiten am Hals, knapp über dem Schulterbereich. Eine Unteraktivität zeigt sich in Scheue, Schüchternheit und Angst vor Berührung.

Meridiane

Die Traditionelle Chinesische Medizin arbeitet seit etwa 1500 Jahren mit energetischen Leitbahnen - den Meridianen. Sie durchziehen den ganzen Körper und transportieren die Lebensenergie Qi zu den Organen. Wir werden krank, wenn über längere Zeit ein Ungleichgewicht durch eine Blockade oder zu viel oder zu wenig Qi in einem Organ vorhanden ist und ein anderes Organ das nicht mehr ausgleichen kann. Es gibt zwölf Hauptmeridiane, von denen sechs in Yin (Speicherorgane) und sechs in Yang (Hohlorgane) unterteilt sind und eine Vielzahl von Nebenmeridianen. Jeweils ein Yin-Organ ergänzt sich mit einem Yang-Organ. Die Hauptmeridiane, auf denen die Akupunkturpunkte liegen, sind jeweils paarweise und auf beiden Körperseiten symmetrisch vorhanden. Der Weg der Yin-Meridiane verläuft von den Zehen zum Körperstamm und weiter zu den Fingern. Die Yang-Meridiane verlaufen von den Fingern zum Gesicht und von dort aus zu den Zehen.

In der Traditionellen Chinesischen Medizin gibt es fünf Elemente, denen je zwei Organe zugeordnet sind.

Yin	Yang	Element
Niere	Blase	Wasser
Leber	Gallenblase	Holz
Herz	Dünndarm	Feuer
Milz	Magen	Erde
Lunge	Dickdarm	Metall

Die Einflüsse, die auf den Menschen und somit auf die Meridiane wirken, werden entweder als stärkend oder schwächend empfunden. Diese können sein:

- *Klimafaktoren wie Hitze, Trockenheit, Wind, Kälte und Feuchtigkeit*
- *Mangel an erforderlicher Nahrung und Bewegung*
- *Unnatürliche Lebensweise*
- *Mangelnde oder übertriebene Hygiene*
- *Gemütszustände wie Freude, Sorge, Angst, Trauer und Zorn*

Kundalini

Wir kennen diesen Begriff eigentlich aus dem Yoga. Doch mittlerweile stolpern wir auch außerhalb immer öfter über ihn. Aber was genau ist Kundalini eigentlich und woher kommt es?

Die Kundalini-Kraft ist das schlafende Bewusstseins-Potential, das im Wurzelchakra ruht. Es wird durch die spirituelle Praxis aktiviert und steigt bis zum Kronenchakra auf, was dann zur Erleuchtung führt. Es stammt aus Indien und bedeutet „zusammengerollte Schlangenkraft". Die symbolische Schlange liegt am Steißbein und wenn die Kundalini-Energie aktiviert wird, schlängelt sie sich an der Wirbelsäule nach oben.

Am Rückenmarkskanal der Wirbelsäule liegt der zentrale Shushumna-Kanal. Dieser ist ein sogenannter Nadi, ein Energiekanal, der Lebensenergie transportiert. Er ist von zwei anderen Nadis umgeben, Ida und Pingala, die sich links und rechts von ihm befinden. Die beiden winden sich vom Wurzelchakra nach oben, um den Shushumna-Kanal herum. Dabei berühren sie die vier Kreuzungspunkte, an denen sich die mittleren Chakren befinden. Der Energiefluss, durch die sieben reinen und geöffneten Hauptchakren, stellt den Aufstieg vom physischen Bewusstsein (Prakriti) zum kosmischen Einheitsbewusstsein (Samhadhi) dar. Aktiviert wird die Kundalini, wenn wir ein entsprechendes Bewusstsein haben und einen hohen Schwingungszustand erreichen. Das geschieht durch Yoga und Meditationen, die speziellen Bezug auf die durch Kundalini betroffenen Chakren nehmen.

Die Aura

Der Körper eines jeden Lebewesens besteht aus mehreren Schichten unterschiedlich schwingender Energie. Die erste Schicht ist der grobstoffliche, physische Körper, der nach dem Tod auf der Erde verbleibt, um sich aufzulösen. Die feinstofflichen Schichten bilden ein zusammenhängendes Feld - die Aura. Diese löst sich mit dem Tod vom physischen Körper ab und geht zurück in die Lichtwelt. Sie umschließt uns alle wie eine ovale Lichtfläche und zeigt das Denken, Fühlen und Handeln an. Die unterschiedlichen Farben leuchten mit einem Abstand von wenigen Zentimetern bis hin zu zwei bis drei Metern zum Körper. Es ist entscheidend, ob eine Farbe kräftig oder schwach ist und wie sie sich um den Körper verteilt. Kraftvolle Farbtöne stehen für starke Energien (Kraft, Wille, Eifer). Schwache Farbtöne für Mangel an Kraft und Stabilität.

Wir können an der Aura nicht nur die charakteristischen Merkmale ablesen, sondern sie schützt uns auch vor Krankheiten und Fremdeinflüssen. Haben wir sehr starke negative Gefühle, wie etwa Angst, Zorn und Wut, kann die Aura beschädigt werden. Das kann auch durch einen Alkohol- oder Drogenrausch, ein traumatisches Erlebnis, Verletzungen und Operationen mit Narkose geschehen. Diese Schäden zeigen sich als Löcher, Risse oder grauschwarze Verfärbungen.

Es gibt drei Farbgruppen:

1. Die ständig vorhandene Aurafarbe.
   Sie zeigt die Evolutionsstufe des Menschen an.
2. Eine dominierende Farbe.
   Sie steht für die gewohnte Art des Denkens und Handelns.
3. Zeitweise auftretende Farben.
   Diese kommen und gehen mit Emotionen und Stimmungen einher.

Bedeutung der Aurafarben

Rot

- *Rosa: Sentimentalität, Empfindsamkeit, Feinheit*
- *Hellrot: Anspannung, Nervosität, Impulsivität, aber auch Freude, Sinnlichkeit und Lebensenergie*
- *Scharlachrot: Zu starkes Ego, Eifersucht, Materialismus, Trotz und Selbstgefälligkeit*
- *Dunkelrot: Temperament, starker Wille, Selbstdurchsetzung, Ärger, Zorn und Böswilligkeit*

Orange

- *Hellorange: Streben nach Vollkommenheit und Leistung*
- *Goldorange: Gute Selbstkontrolle und Vernunft*
- *Orange mit großen Rotanteil: Herrschaftswille*
- *Dunkelorange: Wenig Selbstkontrolle*

Gelb

- *Hellgelb: Tiefe Spiritualität und Verständnis*
- *Lichtes Gelb: Tiefes Denken*
- *Reines Gelb: Intuition, Weisheit*
- *Goldgelb: Hilfsbereitschaft, Wohlbefinden und gute Gesundheit*

Grün

- Hellgrün: Fähigkeit, sich anzupassen
- Jadegrün: Aufrichtigkeit, Diplomatie
- Zartes Grün: Harmonie
- Schmutziges Grün: Unterdrückte Eifersucht
- Olivgrün: Verrat

Blau

- Lichtblau: spirituelle Entfaltung
- Blassblau: Lernfähigkeit, Gelehrsamkeit, Beeinflussbarkeit
- Königsblau: Treue
- Dunkelblau: Heiligmäßigkeit und Weisheit, Streben nach Fortschritt und Wachstum

Violett

- Blasses Violett: Suche nach Reinheit, großes Interesse an Spiritualität
- Kräftiges Violett: Hohe spirituelle Entwicklung

Weiß

- Diese Farbe ist äußerst selten. Die Menschen mit einer überwiegend weißen Aura stehen kurz vor der Erleuchtung.

Grau/Schwarz

- *Schäden durch negative Gedanken, Gefühle und Taten. Schwacher, verwirrter Charakter. Es kann auch ein Zeichen für eine fremde Wesenheit sein.*

Die Aura sehen

Jetzt möchte ich dir zwei Möglichkeiten zeigen, wie du lernen kannst, die Aura zu sehen. Dazu ist nur eine kleine Vorbereitung nötig. Finde eine ruhige Umgebung, in der du nicht gestört wirst. Nun atme mehrmals tief ein und aus, bis du dich entspannt fühlst.

1. Halte deine Hand vor eine weiße Fläche und fokussiere eine Fingerspitze. Konzentriere dich nur auf diesen einen Punkt und lass ihn scharf werden. Alles um diesen Punkt herum wird nun unscharf werden. Nach einer Weile siehst du einen leichten, weißen Schein um deine Fingerspitze. Dasselbe kannst du mit einer Pflanze versuchen. Fokussiere dabei eines ihrer äußeren Blätter.

2. Bitte eine Person, sich vor eine weiße Wand zu stellen. Richte deinen Blick auf ihr Drittes Auge, welches sich mittig über den Augenbrauen befindet. Fokussiere nicht den Kopf selbst, sondern die umliegende Wand, wie wenn du durch die Person hindurchschaust. Nach einer Weile siehst du einen leichten Schein um den Kopf.

Am Anfang wirst du wahrscheinlich die Aura nur in Weiß sehen können. Aber nach einiger Zeit der Übung können dann schon helle Farbtöne, wie Gelb und Hellblau, dazu kommen. Kräftige Farben werden erst nach längerer Praxis sichtbar sein.

Energetische Reinigung

Wie wir bereits wissen, formt alles, was wir denken, fühlen und aussprechen, Energie. Diese Energie können wir somit auch nutzen, um uns selbst und andere, sowie Räumlichkeiten zu reinigen. Denn überall, wo Menschen miteinander zu tun haben, fließt sehr viel Energie. Diese können wir als positiv empfinden und wir fühlen uns wohl und lebendig, aber auch das Gegenteil kann der Fall sein. Wir saugen die Fremdenergie unbewusst an und sie nagt an unserer Aura und den Chakren. Müdigkeit, schlechte Laune und Krankheiten können unter anderem die Folge sein. Genauso kommt es vor, dass wir uns durch negatives Denken und Gefühle die eigenen Chakren verschließen und so unser Energiesystem blockieren.

Die Chakren- und Aurareinigung

Grundsätzlich empfehle ich eine komplette Chakren- und Aurareinigung mindestens einmal im Monat durchzuführen. Unabhängig davon, wie wir uns fühlen. Es kommt immer mal vor, dass wir eine leichte Blockade haben, die wir aber nicht bemerken. Besonders das Herzchakra ist anfällig und verschließt sich gerne. Dies geschieht beispielsweise durch die Zurückweisung anderer und den darauffolgenden Selbstschutz. Sollten wir ein psychisches oder physisches Symptom haben, schauen wir nach, welchem Chakra es zugeordnet ist. Dann können wir dieses Chakra gezielt reinigen. Es ist aber besser, sich die Zeit für alle sieben Hauptchakren zu nehmen, da ein Stau des Energieflusses in einem Chakra auf die anderen übergreifen kann. Meiner Erfahrung nach ist es am sinnvollsten, nach den Chakren auch die Aura zu reinigen und sich danach zu erden. Das Erden ist besonders wichtig, damit unsere Verbindung zu Gaia gestärkt wird und wir einen besseren Stand im Leben haben. „Gaia" ist der Name der personifizierten Mutter Erde. Sie steht für die Erdenergie und sorgt für das Wachstum allen Lebens. Wir können nicht nur ihre Kraft nutzen, sondern sie nimmt auch alte Energien in sich auf und transformiert sie.

Für die Arbeit mit Energien benötigen wir keine Gegenstände oder Hilfsmittel. Wichtig sind nur unsere Gedankenkraft, eine starke Konzentration und eine ruhige Umgebung. Wir stellen uns die Abläufe bildlich vor - das nennt man Visualisierung.

Die Vorbereitung

Setze dich aufrecht hin, beide Füße auf dem Boden. Achte darauf, dass sich keine Körperteile überkreuzen. Schließe die Augen, entspanne dich einen Moment und achte dabei auf deine Atmung. Lass deinen Atem gleichmäßig fließen. Deine Gedanken sind nur bei dir und schweifen nicht davon ab. Bitte das Universum, dir einen Engel für dein Vorhaben an die Seite zu schicken, der dich unterstützt.

Die Chakrenreinigung

Visualisiere nun deinen Körper und die Hauptchakren, stelle sie dir in der jeweiligen Farbe als kleine Punkte vor. Beginne mit dem Wurzelchakra und arbeite dich nach oben bis zum Kronenchakra durch.

Du öffnest das Chakra nach unten und sämtliche Blockaden und alles Negative fließt heraus und trifft auf die Erde, in der es versickert. Nun kommt strahlend rotes Licht direkt aus dem Universum zu dir hinunter. Das Licht fließt in das Chakra hinein, reinigt und öffnet es. Das gereinigte Chakra strahlt jetzt bis in die Unendlichkeit. Es ist nun frei von Blockaden, voller frischer Energie und dreht sich gleichmäßig.

Visualisiere den ganzen Vorgang und sprich ihn gedanklich mit.

Verfahre anschließend so mit jedem Chakra. Beachte die jeweilige Farbe und in welche Richtung es sich öffnet (nach vorne und hinten, nach oben und unten). Am Ende stellst du dir deinen ganzen Körper nochmal vor. Sieh dir jedes Chakra an und wiederhole noch einmal gedanklich: „Alle meine Chakren sind nun gereinigt, geöffnet und strahlen bis in die Unendlichkeit. Sie werden von neuer Energie durchströmt und können ihre Aufgaben wieder vollständig erfüllen."

Die Aurareinigung

Hast du gerade die Chakrenreinigung durchgeführt, dann mach direkt mit dieser Übung weiter. Ansonsten beginne mit der Vorbereitung, wie oben beschrieben.

Visualisiere deinen Körper, wie er von einem weißen Tuch umhüllt ist. Wenn du noch nicht in der Lage bist, deine Aura in Farben zu sehen, ergibt es wenig Sinn, sie sich mit irgendwelchen Farben vorzustellen. Bei einem weißen Tuch kannst du dir gut vorstellen, wie du die Flecken und Risse heilst. Und nach einiger Zeit der Übung kannst du die Schäden vielleicht wirklich irgendwann als dunkle Umrisse darauf sehen. Nun visualisiere, wie du die Hand auf die Risse und Löcher legst und diese geheilt werden. Die grauschwarzen Flecken wischst du weg, schüttelst sie von der Hand und lässt sie in der Erde versickern. Sprich wieder gedanklich mit was du tust. Anschließend lässt du dich von heilendem, weißen Licht aus dem Universum einhüllen. Dieses Licht füllt die freien Stellen der losgelassenen Blockaden mit neuer Energie auf.

Das Erden

Stelle dir vor, wie starke Wurzeln aus deinen Füßen ragen und ganz tief bis zum Mittelpunkt der Erde wachsen. Erlaube der Energie von Gaia durch die Wurzeln in deine Füße zurückzufließen und sich in deinem Körper zu verteilen. Fühle dich ganz in diese Kraft hinein und genieße einen Moment die Verbundenheit mit Mutter Erde.

Bedanke dich zum Abschluss bei dem Engel und entlasse ihn mit Freude über die erfolgreiche Arbeit. Danke auch dem Universum und allen Lichtwesen, die dir im Hintergrund geholfen haben. Dann öffne die Augen und bleibe noch kurz sitzen. Fühle die Veränderung und die neue Leichtigkeit.

Wir können unsere Chakren und die Aura zwischendurch ganz einfach in den Ausgleich bringen, indem wir raus in die Natur gehen. Ein entspannter Spaziergang im Wald erneuert und aktiviert unsere Energien. Wenn wir mit der Hand einen Baum berühren, können wir den Austausch von Energie fühlen. Unser Bewusstsein öffnet sich und baut uns von innen wieder auf.

Übrigens freuen sich auch unsere Haustiere über eine kleine Energiespritze! Dafür können wir eine normale Chakrenreinigung durchführen. Eine andere Möglichkeit ist die Deckenmethode. Dazu legen wir mehrere Decken in verschiedenen Farben auf den Boden und lassen das Tier selbst aussuchen, wo es am liebsten liegen möchte. Es wählt sich instinktiv die Farbe aus, die ihm guttut.

Wenn wir energetische Reinigungen an anderen Personen durchführen möchten, brauchen wir deren Erlaubnis. Ansonsten wäre es ein Eingriff in die Privatsphäre. Außerdem müssen wir selbst geerdet und frei von allem Negativen sein. Es ist auch wichtig, dass wir nur reine, positive und vorurteilsfreie Gedanken haben. Sonst besteht die Gefahr, dass wir unsere eigenen Blockaden in die Arbeit mit einfließen lassen.

Die Hausreinigung

Ein Haus oder eine Wohnung erlebt im Inneren sehr viel mit. Menschen mit unterschiedlichen Energien kommen und gehen, negative Emotionen und Erlebnisse lassen sich oft nicht vermeiden. Das alles kann die Atmosphäre verändern und ungemütlich machen, was sich auf unsere eigene Stimmung und Gesundheit auswirkt.

Nach einem Umzug, einer längeren Krankheit, Trennung oder Scheidung, wenn viele Personen zu Besuch waren, einem traumatischen Ereignis oder einfach wenn wir uns unwohl fühlen, ist es empfehlenswert, frischen Wind hinein zu lassen. Schließlich soll das Zuhause ein Platz der Harmonie sein, an dem wir uns gerne aufhalten.

Ist in einem Gebäude ein Mensch gestorben oder wir fühlen die Anwesenheit einer Seele, sollten wir uns besser an einen professionellen Energiearbeiter wenden. Dieser führt die Seele ins Licht und dazu gehört eine Menge Erfahrung.

Räuchern

Das klassische Ausräuchern ist eine gute Möglichkeit der atmosphärischen Reinigung. Beim Verbrennen der Räucherpflanzen und anderer Räuchersubstanzen werden verschiedene Wirk- und Duftstoffe freigesetzt, die sich positiv auf Körper und Geist auswirken. Außerdem neutralisiert und harmonisiert es die Räume auf wunderbar natürliche Weise.

Dafür benötigst du einige Utensilien, wie:

- *Ein feuerfestes Gefäß*
- *Sand, alternativ Erde*
- *Spezielle Räucherkohle*
- *Räucherzange*
- *Räuchermittel: möglichst regionale Kräuter wie Salbei, Rosmarin und Thymian. Alternativ Fertigmischungen oder Harze aus dem Esoterikgeschäft*
- *Streichhölzer oder Feuerzeug*
- *Eventuell eine Feder*

Schließe zuerst alle Fenster und schalte die Rauchmelder aus. Fülle das feuerfeste Gefäß ungefähr bis zur Hälfte mit Sand. Durch den Sand wird das Gefäß nicht heiß und du kannst es problemlos an der Unterseite in der Hand halten. Zünde die Räucherkohle an, warte bis sie durchgeglüht ist und eine Ascheschicht gebildet hat und lege sie mit der Räucherzange auf den Sand. Verteile die Räuchermittel großzügig auf der Kohle. Sobald die Kräuter oder Harze richtig rauchen, gehst du gegen den Uhrzeigersinn durch jedes Zimmer. Bitte achte darauf, dass das Gefäß keinen Vorhängen oder anderen entzündlichen Materialien zu nahe kommt. Verteile nun den Rauch in alle Ecken, indem du mit deiner Hand oder einer Feder fächerst. Du kannst auch Schranktüren und Schubladen öffnen und dort den Rauch hineinlassen. Stelle dir vor, wie alle alten Energien absorbiert werden. Wenn du fertig bist, lass den Rauch noch kurz einwirken. Erst danach öffnest du alle Fenster, lässt die Überreste hinaus und die neue, frische Energie hinein. Stelle sicher, dass die Kohle anschließend vollständig gelöscht ist. Bedanke dich bei den helfenden Lichtwesen und heiße das Licht in deinem Zuhause willkommen.

Salzreinigung

Eine andere Möglichkeit ist das Reinigen mit Salz. Gehe linksherum im Kreis durch die Zimmer, streue Salz in jede Ecke und lass es dort über Nacht wirken. Das Salz bindet negative Energien und sorgt für die Harmonisierung deiner Wohnräume. Am nächsten Morgen kannst du es einfach zusammenkehren oder mit dem Staubsauger aufsaugen.

Bewährt haben sich auch Duftöle wie beispielsweise reines Pfefferminzöl ohne Zusätze. Einige Tropfen davon in heißem Wasser genügen oft schon. Schau einfach mal, wie du dich damit fühlst und nimm gegebenenfalls etwas mehr davon.

Schwarz und Weiß

Wir leben in der Dualität. Das bedeutet, dass alles im Gegensatz steht und doch zueinander gehört. Hell und Dunkel, Liebe und Hass, Glück und Pech. Das Yin und Yang Symbol trifft es am besten. Es steht für die entgegengesetzten und dennoch aufeinander bezogenen Kräfte. Es zeigt, dass das Männliche auch immer einen weiblichen Teil in sich trägt und andersrum. Ich möchte hier den Fokus vorrangig auf Schwarz und Weiß begrenzen. Damit sind weniger die Farben Schwarz und Weiß an sich gemeint, sondern mehr die Praktiken hinsichtlich der Spiritualität.

Vor einigen hundert Jahren machten die Menschen keinen großen Unterschied zwischen guten und bösen Hexen. Sie schrieben schlechte Ernten, Krankheiten und Unglück im Dorf jedem zu, der etwas mit Magie zu tun hatte. So endeten viele Leben auf dem Scheiterhaufen, auch das der harmlosen Kräuterhexe, die anderen nur helfen wollte. Heute sieht das zum Glück anders aus, es ist aber dennoch wichtig, sich richtig zu positionieren.

Ich möchte gerne auf die Unterschiede eingehen. Jemand, der sich als „Schwarz" bezeichnet, praktiziert schwarze Magie. Es geht um die Demonstration von Macht. Man ist davon überzeugt, dass Rache eine gute und notwendige Option ist. Ist man sich zum Beispiel sicher, von einer bestimmten Person bedroht oder geschädigt worden zu sein, greift man zu schwarzen Ritualen, um der Person ebenfalls Schaden zuzufügen. Es gibt auch Magier und Hexen, die ihre Dienste anbieten, um unbekannte Personen im Auftrag mit Flüchen zu belegen. Da der freie Wille herrscht, darf natürlich jeder auf der Seite stehen, auf der er gerne möchte. Allerdings müssen wir uns bewusst sein, dass jede schwarzmagische Handlung einen Rattenschwanz nach sich zieht. Wir begeben uns selbst auf eine niedrige Energieebene und öffnen somit Tür und Tor für andere niedrig schwingende Wesenheiten. Außerdem kommt alles, was wir anderen antun, auf uns selbst zurück und das doppelt und dreifach. Vom schlechten Karma mal ganz abgesehen.

Wir können unsere Gabe auch für die weiße Seite nutzen und somit Gutes tun. Weiße Magie ist dazu da, um Schaden abzuwehren, Schutz aufzubauen sowie sich und anderen in der besten Absicht zu helfen. Sie setzt positive Energien frei und belastet unser Karma nicht.

Aber selbst, wenn wir unser Denken ausschließlich auf das Gute ausrichten, ist die Gradwanderung manchmal schmal. Deshalb ist Vorsicht geboten, welche Rituale wir durchführen. Denn nicht alles, was sich „weiß" anhört, ist auch rein „weiß". Zum Beispiel sind Liebeszauber, mit denen wir den Wunschpartner an uns binden wollen, nicht ganz astrein. Denn damit greifen wir in den freien Willen der Person ein, die sich vielleicht lieber für jemand anderen entscheiden würde. Wir müssen uns also jedes Ritual vorher genau anschauen und gut überlegen, ob wir anderen Personen damit vielleicht nicht eher schaden würden.

Als „Weiß" schwingen wir energetisch auf jeden Fall höher, denn wir sind mit dem Universum verbunden, mit dem „Alles was ist". Wir sehen uns als Teil des Ganzen und möchten Frieden mit uns, für die Erde und jedes Lebewesen darauf. Je mehr wir diese Verbindung eingehen, desto mehr kommt die Einsicht, dass die Arbeit an uns selbst das Wichtigste ist, anstatt die Fehler im Außen zu suchen. Wir gehen aus dem klassischen Bewertungssystem raus, da wir alle gleich sind, egal ob dick oder dünn, arm oder reich und so weiter. Wir sind mehr bei uns und tragen auch mehr Harmonie in uns, die wiederum andere spüren können. Auch Tiere haben den gleichen Wert und stehen auf der gleichen Stufe wie wir.

Bei der Wahl der Farben, die wir für die Inneneinrichtung und unser Äußeres wählen, ist es von Vorteil solche zu verwenden, die uns spirituell beeinflussen. Die besten Farben, die positive Schwingungen anziehen sind weiß, gelb, orange, rosa, hellgrün und blau. Wenn wir uns hell und farbenfroh anziehen, verändert das unsere eigene Stimmung positiv. Dunkle Kleidung verstärkt die negativen Schwingungsfelder und zieht dadurch mehr negative Energien an.

Wir sollten also ganz klar wissen auf welcher Seite wir stehen und es entsprechend leben. Nur so haben niedrige Energien und dunkle Mächte keine Chance.

Hellsichtig, Hellhörig, Hellfühlig und Hellwissend

Ursprünglich hatten wir alle diese Gaben, denn wir kommen alle von demselben Ort, dem Universum. Doch die Gesellschaft hat sie uns leider „aberzogen". Was die Wissenschaft nicht erklären kann, existiert nicht. Außer uns gibt es nichts und niemanden, Monster unter dem Bett und Geister im Schrank schon gar nicht. Eltern wollen ihren Kindern keine Angst machen, verständlich. Erzählen wir von seltsamen Dingen, die zuhause passieren, werden wir als verrückt abgestempelt. Mir persönlich ging das über Jahre so. Als Jugendliche habe ich zum ersten Mal gespürt, dass ich nicht alleine im Zimmer war. Ich fühlte mich ständig beobachtet und spürte, dass mir jemand nachlief. Wenn ich mutig genug war, davon zu erzählen, war das Gelächter der anderen sehr laut. Also habe ich es für mich behalten. Lange Zeit konnte ich mir nicht erklären, warum die anderen Menschen sich darüber lustig machten. Meiner Meinung nach liegt deren Verhalten an der Angst vor dem Unbekannten oder durch den Druck der Gesellschaft, dass es so etwas nicht geben kann. Heute gehe ich damit anders um, denn ich weiß genau, was ich sehe, höre und fühle und das gibt mir Selbstbewusstsein. Es ist ein Geschenk, in der Lage zu sein, sich mit der anderen Seite zu beschäftigen.

Bei kleinen Kindern ist die Gabe der Übersinnlichkeit noch sehr gut ausgeprägt, sodass sie sogar andere Wesen sehen können. Es muss also nicht zwangsweise ein imaginärer Freund sein, dem das Kind seine Stofftiere vorstellt. Die Fähigkeit vergeht recht schnell, sobald in der Entwicklung das rationale Denken einsetzt. Anders bei Tieren, sie behalten diese Fähigkeit und können alles wahrnehmen, was zu Besuch kommt.

Wenn wir diese Begabungen haben, bedeutet das, dass wir uns unserer Fähigkeit geöffnet haben. Wir haben gelernt, uns wirklich tief zu entspannen und zu konzentrieren. Der Kopf und das rationale Denken werden ausgeschaltet und wir sind offen für das was kommt.

Einige von uns wünschen sich eine dieser Gaben so sehr, dafür lernen und üben sie regelmäßig, doch es passiert einfach nichts. Das kann an einer unbewussten Blockade liegen. Dann sind wir einfach noch nicht bereit dafür und müssen warten bis die Zeit gekommen ist.

Aber was verstehen wir denn nun genau unter Hellsichtigkeit? Grundsätzlich gilt, dass jeder anders sieht und es wenig mit einer Glaskugel zu tun hat. Wir sehen mit geschlossenen Augen und nennen das „vor dem inneren Auge sehen". Nur wenige können dies mit geöffneten Augen. Manche sehen in Farben, andere nur in Schwarz-Weiß. Die Intensität der Bilder ist sehr unterschiedlich. Wir können ein Standbild bekommen oder ganze Abläufe sehen. Am häufigsten wirkt das Gesehene wie im Traum, die Szene ist verschwommen und Gesichter eher undeutlich, dennoch wissen wir genau was wir sehen. Hellsichtig können wir in die Zukunft genauso blicken wie in die Vergangenheit oder Gegenwart. Oft sehen wir etwas mit symbolischem Charakter und finden erst zu einem späteren Zeitpunkt dessen Bedeutung heraus. Ein Medium ist in der Lage die Verstorbenen zu sehen mit denen es Kontakt aufnimmt. Nur so kann sichergestellt werden, dass der oder die Richtige anwesend ist.

Jeder von uns hat einen Geistführer,[3] den wir um Rat bitten können und oft erhalten wir als Antwort ein Bild. Als mein Hund damals sehr krank war, habe ich meinen Geistführer um Hilfe gebeten. Ich wollte gerne wissen, wie ich die Arbeit des Tierarztes unterstützen kann. Ich sah daraufhin eine leuchtende Hand und wusste sofort, dass damit das energetische Handauflegen gemeint war. Kommt ein Klient zu mir, der sich nicht gut fühlt, es aber nicht definieren kann, lasse ich mir die Farben der blockierten Chakren zeigen. Natürlich frage ich den Klienten vorher, ob ich so etwas bei ihm prüfen darf.

Wir dürfen alles fragen, was wir wissen möchten. Allerdings erhalten wir nicht auf alles eine Antwort. Ein Grund dafür kann sein, dass wir die Antwort einfach nicht wissen dürfen, weil die Zeit noch nicht reif ist. Oder

---

[3] Begriffserklärung in Teil 2 „Unsichtbare Helfer"

weil uns das Thema vielleicht nichts angeht, da noch andere Personen mit involviert sind. Das Universum entscheidet, ob eine Information relevant für uns ist oder nicht.

Bei der Hellhörigkeit werden Informationen in Form von Gedanken im „inneren Ohr" empfangen. Es ist eher unwahrscheinlich, dass wir richtige Stimmen hören. Für Ungeübte ist es sehr schwierig, die Botschaften von den eigenen Gedanken zu unterscheiden. Dafür muss, wie bei der Hellsichtigkeit auch, das eigene Denken komplett ausgeschaltet werden. Die „Stimmen" kommen dann in einzelnen Schlagwörtern oder in ganzen Sätzen. Je nachdem wer zu uns spricht, kann der Inhalt klar und deutlich oder sehr verworren und unverständlich sein. Oft entsteht danach ein lustiges Rätselraten, was da wohl gemeint sein könnte. Es besteht jedoch immer die Möglichkeit solange nachzufragen, bis wir die Botschaft verstanden haben. Sprechen können wir mit allen, die gerne helfen möchten, wie Engel, Ahnen, aufgestiegene Meister und sogar das eigene Höhere Selbst. Letzteres, das Höhere Selbst, bezeichnet die höchste Instanz der eigenen Seele. Sollten sich andere Verstorbene melden, zu denen wir zu Lebzeiten keinen Bezug hatten, dürfen wir selbst entscheiden, ob wir es zulassen oder sie freundlich bitten wieder zu gehen.

Hellfühligkeit bezeichnet die Fähigkeit, Empfindungen und Gefühle von anderen zu fühlen, sowie Schwingungen und Energieflüsse wahrzunehmen. Diese Gabe kommt am häufigsten vor. Bei den meisten Menschen ist sie jedoch sehr schwach ausgeprägt, sodass das Gefühlte nicht richtig eingeordnet werden kann. Die Gabe wird nicht erkannt und kann nicht weiterentwickelt werden.

Hellfühligkeit ist eine Hochsensibilität, die uns sogar Krankheiten bei anderen Menschen und Tieren fühlen lässt. Bei dieser Gabe haben es Ungeübte anfangs schwer, denn sie werden von Gefühlen regelrecht überrannt und können nur schwer unterscheiden, ob es ihre eigenen oder die Gefühle der anderen sind. Als hellfühlige Menschen können wir lernen uns innere Filter einzubauen, um die Reizüberflutung zu reduzieren und detaillierte Eindrücke besser zu verarbeiten. Mit einer ausgereiften Fähigkeit lassen sich dann zukünftige Ereignisse recht genau erfühlen. Zum Beispiel spüren wir, dass es heute besser ist eine andere Route, als die Gewohnte, zu nehmen. Später hören wir im Radio, dass es einen Verkehrsunfall gegeben hat, exakt dort, wo wir eigentlich langfahren wollten. Wir wussten vielleicht nicht, dass ein Unfall passiert, doch wir haben geahnt, dass etwas Schlimmes geschehen wird, dem wir besser aus dem Weg gehen sollten. Wir gehen in Räume und können das Energielevel bestimmen, ob sich hier Seelen aufhalten und ob es eine Wohlfühlatmosphäre ist oder nicht.

Die Hellwissenheit wird als die Königsklasse bezeichnet. Sie lässt sich am wenigsten greifen, denn wir wissen Dinge einfach, jedoch nicht woher wir sie wissen. Diese Gabe ersetzt alle anderen Fähigkeiten, denn das Interpretieren fällt weg. Die Antworten haben keinen Symbolcharakter und sind absolut klar und verständlich. Allerdings müssen wir lernen unserer Eingebung hundertprozentig zu vertrauen. Meistens taucht das Wissen auf, wenn uns ein Problem beschäftigt. Ganz plötzlich wissen wir die Antwort, obwohl wir gerade an etwas völlig anderes gedacht haben und schon ist die perfekte Lösung zur Hand. Oder wir wissen schon im Voraus wie das Gespräch mit unserem Gegenüber verlaufen wird, kennen den genauen Wortwechsel schon im Vorfeld. Je größer die Begabung, desto leichter können wir sie nutzen und damit arbeiten.

Gespräch mit einem Engel

Diese Übung erfordert sehr viel Geduld. Sei dir bewusst, dass es lange Zeit dauern kann, bis du etwas „hörst". Bitte gib nicht auf, denn es lohnt sich wirklich, dran zu bleiben! Erinnere dich daran, dass es keine richtige Stimme ist, sondern Telepathie.

Sorge für eine ruhige Umgebung. Schalte alle elektronischen Geräte, besonders dein Telefon, aus und zünde eine Kerze an. Setze dich aufrecht hin und schließe die Augen. Atme mehrmals ganz tief ein und langsam wieder aus, bis du dich entspannt fühlst. Konzentriere dich nur auf dich selbst, die Welt um dich herum darf jetzt stillstehen.

Beginne dich nun zu verbinden. Stelle dir vor, wie starke Wurzeln aus deinen Füßen in die Erde wachsen, bis sie bei Gaia angekommen sind. Bitte Gaia, ihre Erdenergie durch die Wurzeln in deinen Körper zu schicken. Auf dem Weg nach oben durch den Körper öffnet die Energie deine Chakren und dehnt sie in alle Richtungen aus. Dabei beginnt die Erdenergie mit dem Wurzelchakra und arbeitet sich bis zum Kronenchakra durch. Nun öffnet sich der Himmel über dir und du kannst das Licht der siebten Ebene, der höchsten Ebene des Universums, sehen. Diese Ebene schickt dir einen energetischen Lichtstrahl direkt durch das Kronenchakra in deinen Körper. Die Energien der Erde und *des Universums verbinden sich und durchziehen den gesamten Körper. Fühle dich ein und genieße dies für einen Moment.*

Jetzt bist du bereit, einen Engel zu dir zu bitten. Du musst keinen bestimmten Engel benennen, es wird derjenige kommen, dessen Schwingung du am besten wahrnehmen kannst. Erlaube ihm, in deine Aura einzutreten und bitte ihn so nah wie möglich an dich heran. Wahrscheinlich kannst du seine Anwesenheit bereits fühlen.

Am besten verwendest du die offene Frageform zu einem Thema, das nur dich selbst betrifft, du aber die Antwort nicht kennst. Versuche deine eigenen Gedanken auszuschalten und nicht im Vorfeld an eine mögliche Antwort zu denken. Entspanne und öffne dich innerlich und sei vor allem geduldig. Nun stelle deine Frage und lausche in dich hinein. Kannst du etwas wahrnehmen?

Wenn Engel sprechen verwenden sie meistens kein „ja" und „nein". Sie antworten in kurzen Sätzen, die eher schwammig wirken oder oft auch nur in einzelnen Worten. Wenn du keine Stimme in Form von Gedanken im „inneren Ohr" hören kannst oder dir nicht sicher bist, ob du es richtig verstanden hast, darfst du die Frage gerne wiederholen. Gib dem Engel aber auch ein wenig Zeit zu antworten.

Wenn du fertig bist, bedanke dich bei dem Engel für sein Erscheinen und seine Hilfe.

Bauchgefühl, Intuition und Eingebung – Wo ist der Unterschied?

Jeder kennt diese Gefühle. Sie sind plötzlich in uns und geben Auskunft darüber, was wir am besten tun oder lassen sollten. Oder was wir von einer bestimmten Person zu halten haben. Diese drei Begriffe werden gerne in einen Topf geworfen, sie seien alle dasselbe und jeder nennt sie nur anders. Die Unterschiede können aber nicht größer sein und außerdem ist ihre Unterscheidung wichtig für die Arbeit im spirituellen Bereich.

Beginnen wir mit dem Bauchgefühl. Es wird auch „das Gehirn des Bauches" genannt. Alles was wir bereits erlebt und erfahren haben, wird in unserem System abgespeichert. Kommen wir in eine Situation, in der sich das Bauchgefühl meldet, werden wir darauf aufmerksam gemacht, dass dieses Thema schon bekannt ist. Es wird aus dem System abgerufen und ermahnt uns. Sehen wir eine Person zum ersten Mal, aber unser Gefühl sagt uns, dass mit ihr irgendetwas nicht stimmt, haben wir bereits Erfahrung mit bestimmten Faktoren gemacht. Zum Beispiel kann die Gangart, die Stimme oder der Kleidungsstil Erinnerungen in uns wachrufen. Das Bauchgefühl ist der unteren Körperregion, also dem Sakral- und Solarplexuschakra, zugeordnet.

Das „Gehirn des Herzens" ist die Intuition, die zur oberen Körperregion gehört. Das Herz hat Zugang zu Informationen aus den Wahrnehmungskanälen, die es an das Gehirn weiterleitet. Die Intuition kommt ohne Emotionen bei uns an und wird erst, wenn sie im Verstand angekommen ist, mit Gefühlen vermischt und zu einem Gedanken geformt. Diese „innere Stimme" ist viel klüger als der Verstand. Und wir können von ihr profitieren, wenn wir lernen, auf sie zu hören. Denn sie verrät uns die Lösungen, wie wir unsere Ziele erreichen können. Die Intuition ist dem Stirnchakra zugeordnet.

Die Eingebung geht meist mit körperlichen Empfindungen einher. Ein Kribbeln, Gänsehaut oder ein Ziehen am Kopf. Das ist dann das Zeichen dafür, dass die Information direkt von der geistigen Welt durch unser Kronenchakra kommt. Wenn wir mit Engeln in Kontakt stehen und sie wissen, dass wir ihre Hilfe gerne in Anspruch nehmen, schicken sie uns die Botschaft manchmal mit dem Gefühl das kaltem Wasser auf dem Kopf ähnelt.

Teil 2

Wer arbeitet mit was und wie?

Alle Menschen, die eine alternative Heilarbeit ausüben, haben eins gemeinsam: Das absolute Vertrauen in die geistige Welt. Sie haben verstanden, dass uns die Heilenergie zur Verfügung gestellt wird, wir sie unbegrenzt nutzen dürfen und das Wichtigste - nichts ist unmöglich! Mit einem besonderen Bewusstseinszustand, der Visualisierung und natürlich der Methode, die sie als Berufung für sich erkannt haben, können sie anderen Menschen mit erstaunlichen Ergebnissen helfen. Dabei sei eins gesagt, das auf alle zutrifft: Kein Mensch kann einen anderen heilen, obwohl der Begriff „Heiler" dies vermuten lässt. Heilen kann sich jeder nur selbst. Heiler arbeiten mit regenerierenden Energien im feinstofflichen Bereich, aktivieren damit die Selbstheilungskräfte und fördern die Heilung im ganzheitlichen Sinn.

Die Energieheiler führen ihre Arbeit mit unterschiedlichen Behandlungstechniken aus, wie durch Handauflegen, Halten oder Streichen der Hand im Energiefeld, Fernheilung oder durch Besprechen (Gebetsheilung). Manche arbeiten ganz ohne Hilfsmittel, ihr Körper ist sozusagen das Instrument. Andere nehmen Steine, Klangschalen, Räuchermittel, Licht und Sprays, je nachdem womit sie die besten Erfolge erzielen können. Die Methoden reichen von Chakren- und Auraclearing, Quantenheilung, Therapeutic Touch, über Pranaheilung bis hin zu AUNDA Healing. Letzteres bezeichnet die Auflösung einer Blockade durch die Frequenz „Aunda", die sich wie eine Welle aus goldenem Licht über die Dysbalance legt.

Der Begriff „Prana" stammt aus Indien und bedeutet Lebenskraft oder Atem, genau wie das „Qi" der Chinesen, das „Ki" der Japaner und das „Lung" in Tibet.

Heiler haben ihr Wissen entweder durch bestimmte Ausbildungen erhalten, bei denen sie alles von der Pike auf gelernt haben oder sie verfügen über eine so ausgeprägte Gabe in sich, dass sie ihre eigenen Techniken entwickeln konnten. Diese Techniken unterscheiden sich oft durch ganz eigene Verfahren, deren Wirkung allerdings genauso gut ist wie bei herkömmlichen Arbeitsweisen.

Da einige Energiearbeiter und ihre Methoden speziell sind und jeweils etwas Besonderes an sich haben, möchte ich auf diese im Einzelnen eingehen.

Russische Heilmethoden

Russische Heiler erhalten ihr Wissen ganz traditionell über die eigene Familie, die es von Generation zu Generation weitergibt. Sie haben eigene Zahlencodes entwickelt, die beispielsweise durch Meditation oder Wasserübertragung Schwingungen auslösen und dem lebenden Organismus Heilimpulse senden.

Der berühmte Heiler Sergej Lazarev[4] arbeitet mit der Karmadiagnostik. Er fand heraus, dass sich Feldstrukturen bei der Verletzung ethischer Grundsätze und falschen Zielsetzungen im Leben deformieren. Diese deformierten Feldstrukturen werden dann an die nächsten Generationen weitervererbt. Durch seine Hellsichtigkeit stellt er die energetischen Strukturen graphisch dar und kann so deren Ursache ermitteln.

Russische Heiler beschäftigen sich außerdem mit der Regeneration von Organen und Zähnen, Wirbelsäulenbegradigung und dem Matrix-Feld (Strukturfeld aus reinem Bewusstsein). Die Erfolge, in denen operativ entfernte Organe nachgewachsen sind, wurden am *Moskauer Zentrum für systemische Entwicklungen für Medizin* sogar wissenschaftlich bestätigt[5].

[4] Sergej Nikolajewitsch Lazarev (* 1952 in Jeisk), russischer Forscher, Psychologe und Schriftsteller

[5] Raum&Zeit Ausgabe 165/2010, Autor Alexander Teetz
https://www.raum-und-zeit.com/gesundheit/energie-medizin/die-matrix-zur-heilung.html, 23.09.19

ThetaHealing™

Beim ThetaHealing™ verbinden sich Heiler mit ihrer Schöpferkraft, dem „Alles Was Ist". Die Amerikanerin Vianna Stibal entwickelte diese Methode in den 90er Jahren und heilte damit ihren eigenen Krebs. Die Theta-Wellen regulieren den Teil des Verstandes zwischen dem Bewusstsein und dem Unterbewusstsein. Diese Gehirnwellen sind verlangsamt und so erleben sie die stärkste Entspannung. Das Bewusstsein wird durch das Kronenchakra zur Siebten Ebene, der Ebene „Allen Seins", gesendet. So erreichen die Heiler den reinen Theta-Zustand, der durch fokussierte Gedanken gehalten werden kann. In dieser Sphäre ist es möglich, die Blockaden des Klienten abzufragen, Anweisungen zur Heilung oder zur Spontanheilung zu geben und diese zu bezeugen.

ThetaHealing™ eignet sich auch um fremde Wesenheiten ins Licht zu schicken, Verstrickungen und Bindungen zu lösen, Schwüre und Flüche aufzuheben und vieles mehr. Vianna fand außerdem heraus, wie man mit dieser Methode eine DNS-Aktivierung und einen Genersatzprozess vornimmt. Zweiteres ist ein Leitfaden, wie man physische Defekte in der DNS heilt[6].

---

[6] Vianna Stibal „ThetaHealing- Die Heilkraft der Schöpfung", Allegria/Ullstein Verlag, 11. Auflage 2017, S. 304

Reiki

Reiki-Meister arbeiten mit der Methode des Japaners Dr. Mikao Usui (1865-1926). Die Lebensenergie *Ki* fließt durch die Hände des Gebenden in den Körper des Empfangenden, was zur Harmonisierung des Energiehaushaltes führt. Das spezielle Handauflegen regeneriert Körper, Geist und Seele und aktiviert die Selbstheilungskräfte.

Die Ausbildung zum Reiki-Meister umfasst drei Grade. Der erste Grad, der auf der körperlichen Ebene basiert, ist der Grundkurs, in dem die Technik und wichtige Informationen vermittelt werden. Dabei lernen die Schüler die Grundlagen der ganzheitlichen Heilmethode und sind anschließend für die Voll- und Selbstbehandlung gerüstet. Im zweiten Grad, der seelisch-geistigen Ebene, lernen sie die Technik mit Reiki Symbolen, die Kraftverstärkung und die Anwendung über räumliche Entfernung hinaus. Zu eingeweihten Meistern werden sie im dritten Grad, der sich mit der spirituellen Ebene befasst. Sie bekommen die Einweihung in das Reiki Symbol „Dai Komio" („Das große Licht"), mit dem der Weg zur inneren Erleuchtung beginnt. Natürlich steht es jedem frei, wie viele Grade er absolvieren möchte. Doch „Reiki-Meister" darf man sich erst nach Erreichen des dritten Grades nennen.

Wer selbst gerne Schüler unterrichten möchte, muss den Lehrergrad erreichen. In diesem zusätzlichen vierten

Grad werden die Ausbildungsrichtlinien und Einweihungstechniken vermittelt, die für die Ausbildung anderer nötig sind.

Schamanismus

Schamanismus ist die Lebensweise, die die Balance zwischen den Lebewesen, der Natur und den kosmischen Kräften aufrechterhält. Schamanen werden als solche in eine uralte Tradition hineingeboren. Für sie ist es eine lebenslange Ausbildung auf mehreren Ebenen, die von den Älteren gelehrt wird. Sie arbeiten als Wetter-Bitter, Fruchtbarkeitsbeschwörer, Seelsorger, Orakeldeuter, Seher oder leiten Rituale. Sie helfen jedem, der sie darum bittet, bei der Erfüllung der Lebensaufgabe. Ebenso lehren sie die Natur und bewahren das alte Wissen. Als Mediatoren zwischen unserer und der geistigen Welt sind sie in der Lage, Seelenanteile zurückzuholen und die Seele von negativen Energien zu reinigen. Es werden Kurse angeboten, in denen man viele der Techniken erlernen kann. Ein echter Schamane hat die Gabe jedoch bereits von Geburt an im Blut.

Der Schamanismus ist besonders für seine Arbeit mit Musik, Rasseln, Trommeln, Tanz und Federn bekannt. In Mexiko gelten die Schamanen als überlebenswichtig, da sie durch ihre Fähigkeiten den Regen zu rufen, die Maisernten sichern.

Besonders interessant ist der Umgang mit Krafttieren. Die Schamanen sagen, dass jeder Mensch einen helfenden Tierbegleiter hat, der immer wieder wechselt, wenn eine Aufgabe oder eine Lebensphase gemeistert wurde. Das Krafttier ist wie ein Schutzengel, den wir rufen dürfen, wenn wir dessen Energie, Hilfe und Schutz brauchen. Außerdem kann es auf ein Thema in der Weiterentwicklung hinweisen und dann liegt es an uns, ob wir es annehmen und umsetzen.

Neben den Krafttieren gibt es noch das Totemtier. Es hat im Prinzip dieselben Aufgaben wie ein Krafttier. Es ist ein fester Teil unserer Seele und bleibt unser ganzes Leben lang gleich. Seine Charakterzüge ähneln unseren sehr stark, deshalb können wir es relativ leicht ermitteln.

Jedes Tier, egal ob Kraft- oder Totemtier, repräsentiert als spiritueller Seelengefährte besondere Merkmale und Eigenschaften, die wir für unser Leben oder den aktuellen Lebensabschnitt brauchen.

Wenn du wissen willst, welches dein Krafttier ist, gibt es verschiedene Möglichkeiten, dies herauszufinden. Hilfreich sind geführte Meditationen, wie eine Schamanische Reise, in der du deinem Krafttier begegnen kannst. Tierorakelkarten eignen sich eher weniger, da es ja weit mehr Tiere gibt als in der begrenzten Kartenanzahl dargestellt sind. Du kannst dir auch abends im Bett, wenn die Gedanken über den Tag vorbei sind und du ganz bei dir bist, wünschen im Traum dein Krafttier kennenzulernen. Bitte es, sich zu zeigen und mit dir zu sprechen. Die sicherste Methode ist, direkt einen Schamanen zu kontaktieren. Dieser führt eine Krafttierreise durch, in der er das Tier selbst sucht oder dich bei der Suche anleitet.

Ho'oponopono

Ho'oponopono ist eine hawaiianische Methode zur Konfliktlösung. Sie gilt als äußerst effektiv, wenn es um zwischenmenschliche, aber auch um persönliche Probleme geht. „Ho'o" bedeutet „eine Handlung in Gang setzen", „Pono" steht für „richtig" und „Ponopono" ist die Verstärkung, das „in Ordnung bringen". Sie stammt aus den alten Kahuna-Wissenschaften[7] und dient dazu, die Beziehung zu sich selbst, zu anderen Menschen, zur Umwelt und Urquelle zu heilen. Ursprünglich war es eine Familientherapie, die sich dann immer mehr zu einer Selbsthilfemethode entwickelte, wobei die Versöhnung schon immer im Mittelpunkt stand.

Es geht um das Resonanzprinzip. Wir versetzen uns in den anderen hinein. Wenn jemand etwas tut, das stört oder verärgert, stellen wir uns die Frage: „Warum würde ich so handeln?". Wenn wir etwas gefunden haben, sagen wir uns: „Es tut mir leid. Bitte verzeih mir. Ich liebe Dich. Danke." Dies wird so oft wiederholt bis wir ein tiefes Mitgefühl und Verständnis für die Beweggründe des

---

[7] Hawaiianische Körperarbeit. „Kahuna"=„Hüter des Geheimnisses"

anderen entwickelt haben. Es geht dabei nicht um die wahren Gründe, sondern dient der Wiederherstellung des inneren Gleichgewichts. Danach fragen wir uns: „Was war mein eigener Anteil an dem Problem und was soll ich daraus lernen? Durch was habe ich es erschaffen, wie gehe ich damit in Resonanz?" Dabei ist es wichtig, bei sich im Inneren nach den eigenen Beweggründen zu suchen, die diesen Konflikt angezogen haben und nicht nach denen des anderen. Durch diese Erkenntnisse heilen wir uns selbst und gleichzeitig auch den anderen.

Channeling

Ein Channelmedium ist eine Person mit der Fähigkeit, Kontakt zur anderen Seite aufzunehmen. Sie ist der „Kanal" zwischen den beiden Welten, durch den Informationen und Antworten zur Verfügung gestellt werden. Durch diesen Kanal können sich Verstorbene oder andere Geistwesen zu Wort melden. Ein Medium versetzt sich in Trance und spricht dabei das Empfangene aus, ohne das eigene Denken oder Wertungen einfließen zu lassen.

Ein Schreibmedium benutzt die Hand als Instrument, durch die die Antworten notiert werden. Das Medium selbst hat keine Kontrolle über das Geschriebene. Dieses Diktat kann ein Wirrwarr darstellen, ohne Punkt und Komma, und teilweise sogar über Kopf geschrieben. Anschließend ist die „Übersetzung" durch das Medium notwendig, die durch viel Erfahrung erlernt wurde.

Engelarbeit

Zum Schluss kommen wir zu einer Gruppe, die in meinen Augen den schönsten Bereich hat - die Engelarbeiter. Diese Lichtarbeiter legen Orakel mit speziellen Engelkarten, bieten Meditationen an und nehmen im Channeling direkten Kontakt auf. Sie können anhand der Situation des Klienten genau sagen, welcher Engel am besten helfen kann und führen die beiden zusammen.

Eine der bekanntesten Engelarbeiter ist Sabine Steinbach[8]. In Zusammenarbeit mit den Engeln führt sie energetische Heilbehandlungen durch, bietet persönliche Beratungen an und legt regelmäßige Orakel in den sozialen Netzwerken.

In Deutschland gibt es den Dachverband Geistiges Heilen e.V. (DGH), dem jeder Heiler freiwillig beitreten kann. Es ist ein guter Anlaufpunkt, wenn man selbst im spirituellen Bereich arbeitet, aber auch als Klient findet man dort hilfreiche Informationen. Mitglieder erhalten besonderen Schutz und eine kostenlose Rechtsberatung. Sie unterliegen aber auch einem Verhaltenskodex. Verstöße gegen diesen werden konsequent geahndet.

Jeder Heiler muss seine Klienten darüber aufklären, dass die Behandlung lediglich die Selbstheilungskräfte

---

[8] Sabine Steinbach (*1972), Weiße Zeit Heilerin und Lehrerin

aktiviert und keinen Arzt oder Heilpraktiker ersetzt. Er stellt keine Diagnosen und verschreibt oder empfiehlt keine Medikamente. Er präsentiert sich nicht als „Wunderheiler" und verspricht keine Heilung oder Linderung der Beschwerden. Er rät nicht dazu, eine ärztliche Behandlung zu unterlassen oder gar abzubrechen und Medikamente abzusetzen. Er setzt seine Klienten nicht unter Druck, sondern respektiert deren Selbstbestimmung. Er darf zu mehreren Sitzungen raten, sie aber nicht als Mindestanzahl voraussetzen oder verlangen. Und er macht im Vorfeld klare Angaben über das Honorar und stellt eine Rechnung oder Quittung aus.

Dieser Verhaltenskodex sollte immer, von allen im alternativen Heilberuf arbeitenden Menschen, eingehalten werden, unabhängig davon ob man Mitglied ist oder nicht. Schwarze Schafe gibt es überall, aber an den oben genannten Merkmalen kann man sie gut aussortieren. Wichtig ist trotzdem immer - informieren, kennenlernen und nach Gefühl entscheiden.

Die Werkzeuge

Menschen können in ihrem Inneren energetische Schwingungen wahrnehmen. Diese Schwingungen enthalten Informationen aus unserem Unterbewusstsein, sowie aus unserem Umfeld. Allerdings sind wir nicht immer in der Lage, diese Energie nach außen wiederzugeben. Dafür verwenden wir verschiedene Werkzeuge, die wie Antennen fungieren. Sie fangen die Schwingungen auf und machen die darin enthaltenen Informationen sichtbar.

Pendel und Tensor

Die Geschichte von Pendel und Tensor geht bis zu 6000 Jahre zurück. Anfangs benutzte man sie hauptsächlich zum Auffinden von Bodenschätzen, Erdöl und Wasser. Erst später erkannte man, dass sie sich auch zum geistigen Pendeln eignen und man fing an Fragen zu Gesundheit, Liebe, Beruf und anderem, zu stellen. Seither sind sie in allen gesellschaftlichen Schichten zu finden. Sie dienen als Informationsquelle und stellen die Verbindung zwischen Bewusstsein und Unterbewusstsein dar.

Das Pendel kann aus Messing, Kupfer, Silber, Gold, Holz oder Edelstein bestehen. Jedes Material hat seine eigenen Schwingungen. Bei der Materialwahl entscheiden wir am besten nach Gefühl und probieren einfach aus, wie wir damit zurechtkommen. Die Pendelform kann ein Tropfen, eine Kugel, eine Spirale oder ein Stäbchen sein. Für spirituelle Zwecke eignet sich vorzugsweise die Spiralform, da sie einen besonders leichten Anschlag hat. Um das Pendel vor Fremdenergien zu schützen, empfiehlt es sich, es in einem Stoff- oder Samtbeutel oder einer kleinen Schatulle aufzubewahren. Die Pendelschnur wird zwischen Daumen und Zeigefinger, mit ca. zwei Zentimeter Platz am Ende, gehalten.

Der *Tensor* ist eine Einhandrute, dessen Ende ein Ring, eine Drahtspirale oder eine Kugel sein kann. Es gibt ihn aus unterschiedlichen Materialien wie zum Beispiel Kork, Holz, Edelstein und Kupfer. Den Tensor sollten wir nach Gebrauch wieder in seine Schachtel zurücklegen, um auch hier unerwünschte Energien fernzuhalten. Wir legen den Griff des Tensors locker in die Hand, zwischen Zeigefinger und Daumen und stützen den Ellbogen auf das Hüftgelenk.

Die folgende Anleitung gilt für den Tensor und das Pendel gleichermaßen:

Zuerst finden wir heraus, welche Hand ruhiger ist und testen die Ruhestellung. Manche stehen komplett still, andere schwingen leicht. Dann fragen wir, welche Richtung für „ja", und welche für „nein" steht. Es kann nun von uns weg und wieder auf uns zu schwingen, oder es schwingt parallel zum Körper. „Vielleicht" kann eine

Drehung im Kreis oder die Diagonale sein. Diese Einstellung bleibt für immer gleich.

Legen wir los und konzentrieren uns dabei immer auf die Frage, nicht auf die Hand. Wir achten auf die geschlossene Frageform, in der die Antwort nur „ja", „nein" oder „vielleicht" sein kann. Fragen nach der Zukunft stellen wir nicht, weil unser Unterbewusstsein die Antworten darauf nicht kennt.

Wir können auch Gegenstände auspendeln. Bei Wahrsagekarten können wir fragen, ob unsere Interpretation richtig ist. Wir halten das Pendel direkt über die Karte oder zeigen mit dem Finger darauf. Beim Tensor halten wir den Finger darauf oder die Hand darüber. Dasselbe können wir mit Lebensmitteln, Medikamenten oder homöopathischen Mitteln machen, um herauszufinden, ob sie uns guttun. Auch Blockaden in den Chakren lassen sich so sehr gut aufspüren.

Von Zeit zu Zeit sollten wir unser Pendel oder Tensor unter fließendem Wasser reinigen und es niemals einer anderen Person in die Hand geben, da es auf uns und unsere Energie eingestellt ist.

Die Kartendecks

Einige Menschen verbinden das Kartenlegen immer noch mit der alten, buckligen Dame auf dem Jahrmarkt, die jedem nur das sagt, was er gerne hören möchte. Aber weit gefehlt! Diese Art der Wahrsagerei ist für viele zu einer wichtigen Lebenshilfe geworden, um sich Unterstützung und Rat einzuholen. Und mit den modernen Kartendecks oder auch Kartensets, die es heutzutage gibt, kann das Fragen nach Vergangenheit, Gegenwart und Zukunft sogar richtig Spaß machen. Dabei ist es wichtig zu wissen, dass die Karten nur Zukunftstendenzen anzeigen. Es gibt keine Garantie, dass die Ereignisse genau so eintreffen werden.

Aber wie funktioniert das, dass die richtigen Karten ausgewählt werden? Das liegt an der Energie, die durch die Frage und die zugehörigen Gedanken an die Karten gesendet werden. Die Karten fangen diese Schwingungen auf und es zeigen sich dann genau die Karten, die mit der Grundschwingung der Frage am stärksten in Resonanz gehen. Kurz gesagt, wir ziehen die für uns richtigen Karten energetisch an.

Beim Kartenlesen spielt bei der Interpretation immer auch die Intuition eine Rolle. Die Kunst besteht darin, über den Tellerrand hinauszuschauen und sich zu dem richtigen Ergebnis der Deutung führen zu lassen. Die Bilder auf den Karten sollten dabei stets berücksichtigt werden. Was genau ist darauf zu sehen, welche Details sind zu entdecken? Welche Gefühle kommen beim Betrachten hoch?

Allerdings sollten wir uns vorher überlegen, ob wir die Antwort überhaupt wissen möchten und annehmen können. Im Zweifelsfall kannst du die Karten befragen, ob es sinnvoll ist, eine bestimmte Frage zu stellen.

Bevor wir eine Legung durchführen, müssen wir die Karten ausklopfen, um sie von alten Energien zu befreien. Anschließend laden wir sie durch gründliches Mischen mit neuer Energie auf. Während wir weitermischen, stellen wir unsere Frage. Diese können wir gedanklich formulieren oder laut aussprechen, sie sollte jedoch so kurz und präzise wie möglich sein. Von Beginn des Mischens an bis die Deutung abgeschlossen ist, darf keiner der Anwesenden seine Körperteile kreuzen. Das würde den Energiefluss blockieren.

Karten müssen mit Respekt behandelt werden, deshalb ist die Lagerung und Pflege sehr wichtig. Am besten eignet sich ein Holzkästchen zur Aufbewahrung. Genau wie alle anderen Werkzeuge, sollten auch Karten nicht in fremde Hände geraten.

Lenormand

Die Französin Marie-Anne Lenormand, auch genannt Sibylle von Paris, legte die Karten schon für Napoleon und seine Gemahlin. Ihre 36 (ursprünglich angeblich 52) Karten haben eine klare Sprache, die wir auf alltäglich erfahrbare Situationen hervorragend deuten können. Es lassen sich auch gut moderne Geräte wie Telefon und Fernseher integrieren.

Obwohl jede Karte ihre Bedeutungen recht genau vorgibt, liegt es bei der Deutung am Ende doch an der eigenen Intuition. Der erste Gedanke ist meistens der Richtige und so lassen sich ganze Geschichten erzählen. Wir deuten die Karten einzeln oder in Kombinationen, sodass ein Gesamtbild entsteht. Es gibt unzählige Legesysteme, wie zum Beispiel drei Karten für die „Vergangenheit - Gegenwart - Zukunft" oder wir legen eine kleine Geschichte für eine aktuelle Situation mit ebenfalls drei Karten. Wenn wir besonders tiefgehen möchten, eignet sich „Des Pudels Kern", um herauszufinden, worum es in einer Sache wirklich geht. Für andere Personen legen wir am besten das große Blatt mit allen 36 Karten in vier Reihen.

Am Anfang gehört sehr viel Übung, aber auch Geduld dazu. Es heißt, dass man frühestens nach einem Jahr soweit ist, um ein Honorar dafür verlangen zu können. Für Anfänger empfehle ich die Sets von Regula-Elizabeth Fiechter, die in ihren dazugehörigen Büchern alles beschreibt, was man dazu wissen muss.

Auf dem Markt gibt es auch Lenormand Decks mit acht oder mehr Zusatzkarten, durch die eine Deutung einfacher und noch klarer wird.

Tarot

Tarot war ein beliebtes Gesellschaftsspiel, das seit dem Ende des 18. Jahrhunderts in der Esoterik verwendet wird. Mittlerweile gibt es mehr als 1000 Varianten.

Es besteht aus 78 Karten, die in zwei Sektionen unterteilt sind. Die große Arkana stellt mit 22 Karten die Geheimnisse des Lebens dar. Es sind die Bereiche, mit denen sich der Fragesteller am meisten beschäftigt. Die 56 Karten der kleinen Arkana teilen sich in die vier Farbreihen Stäbe, Kelche, Schwerter und Münzen. Diese sind den Elementen Erde, Feuer, Wasser und Luft zugeordnet. Jede Farbreihe besteht aus 14 Karten, die die durchnummerierten Karten, sowie die Hofkarten Page, Ritter, Königin und König enthält. Der Schlüsselfaktor liegt in der Deutung der vier Elemente zu den vier Farbenreihen. Legesysteme wie das universale „Kleine Kreuz", das „Liebesorakel", das „Beziehungsspiel" oder „Der blinde Fleck", das den Unterschied zwischen Selbst- und Fremdeinschätzung beleuchtet, geben tolle Möglichkeiten hinter die Kulissen zu schauen.

Der Unterschied zu Lenormand ist, dass Tarot nicht die äußeren Ereignisse spiegelt, sondern das innere Erleben mit den Emotionen und der Psyche.

Skatkarten

Diese faszinierende Wahrsagemethode gibt sogar den meisten Kartenlegern, die Tarot oder Lenormand legen, Rätsel auf. Wir müssen uns sehr intensiv damit beschäftigen, um die herausfordernde Symbolik zu verstehen. Diese Legung mit 32 Karten ist ursprünglich aus dem Tarot entstanden und besitzt eine sehr hohe Aussagekraft.

Für die Deutung unterscheiden wir die vier Elemente (Erde, Feuer, Wasser, Luft), welche durch die Farben (Herz, Karo, Pik und Kreuz) dargestellt sind, die Zahlenkarten (das As steht für die Zahl Eins) und die Hofkarten (Bube, Dame und König). Vergleichen wir die Karten mit dem Tarot, würden die Hofkarten für die große Arkana stehen, da sie als stärker angesehen werden.

Grundsätzlich werden die roten Karten als positiv und die schwarzen Karten als negativ bewertet. Aber wie auch bei den anderen Orakelkarten, können wir das nie pauschal sagen. Da die umliegenden Karten eine wichtige Rolle einnehmen, sollten diese immer beachtet werden. Sie können durch ihre positiven Aspekte eine negative Bedeutung abschwächen.

Kipperkarten

Die Geschichte der Kipperkarten geht wohl auf die deutsche Kartenlegerin Susanne Kipper, Ende des 19. Jahrhunderts, zurück. Genaue Unterlagen hierzu existieren leider nicht mehr. Kipperkarten wurden ca. 1890 das erste Mal in einem Verlag angeboten. Das Besondere an diesen 36 Karten ist die Darstellung der alltäglichen Lebenssituationen. Auf jeder Karte befindet sich rechts oben eine Nummer und der entsprechende Titel, wie zum Beispiel „Nr. 1 Hauptperson". Da auf die Symbolik der Bilder verzichtet wird, ist die Deutung der einzelnen Karten für Anfänger recht leicht. Bei Legungen mit Kombinationen und beim großen Blatt (alle Karten in vier Reihen) sieht das ganz anders aus. Hier ist es eher schwierig die Karten in den richtigen Zusammenhang zu bringen, weil mehrere Deutungsmöglichkeiten berücksichtigt werden müssen. Das Kipperkarten Deck enthält, im Gegensatz zu allen anderen Orakelkarten, weitaus mehr Personenkarten. Diese drücken aber weniger die seelischen Aspekte aus, sondern zeigen die Grundstimmung an.

Die meisten im Handel verfügbaren Kipperkarten werden bis heute in ihrer ursprünglichen Gestaltung angeboten. Sie zeigen die Epoche des wirtschaftlichen Aufschwungs in Deutschland und bringen so einen besonders nostalgischen Charme in jede Legung.

Neben diesen gängigen Kartendecks finden wir noch eine Vielzahl anderer Orakelkarten, um uns Hinweise und Rat einzuholen. Besonders schön sind die verschiedenen Arten der Engelkarten, Lucy Cavendishs „Shadows & Light Orakel" und die „Weil ich Dich liebe..."- Karten von Susanne Hühn.

Das Ouija Brett

Auch Hexen-Brett oder Witchboard genannt, wurde um 1890 das erste Mal patentiert und zum Verkaufsschlager unter den Gesellschaftsspielen. Es ist ein flaches Brett, auf dem die Buchstaben A-Z, die Zahlen 0-9, „Ja" und „Nein", die Symbole Sonne und Mond, sowie „Ende" oder „Auf Wiedersehen" stehen. Die Planchette hat eine Spitze oder ein Loch in der Mitte und wird mit den Fingerspitzen gehalten. Die Séance soll am besten mit zwei oder mehreren Personen am Abend stattfinden. Durch eine ruhige Atmosphäre mit Kerzen soll sich das Tor zur anderen Seite öffnen und die Kommunikation mit Verstorbenen kann beginnen. Allerdings sind es nicht immer die Verstorbenen, die sich melden, um zu helfen. Oft sind es Wesenheiten oder sogenannte Foppgeister (Poltergeister), die die Gelegenheit wahrnehmen, um sich in den Vordergrund zu stellen. Die Antworten sind dann konfus oder sie fordern zu gefährlichen Taten auf. Dieses „Spiel" wird oft verharmlost, dabei ist es alles andere als nur ein Spiel. Ist das Tor einmal geöffnet, wissen wir nicht wer alles kommt und möglicherweise bleibt.

Die Geister, die ich rief ...

Rituale

Rituale müssen immer in guter Absicht erfolgen, das ist die oberste Regel. Für die Durchführung eignen sich am besten die Mondphasen. Bei zunehmendem Mond, der Phase zwischen Neumond und Vollmond, lohnt es sich, Rituale zu wählen, die Dinge vergrößern - wie etwa Glück. Um Dinge zu verkleinern, wie zum Beispiel Krankheiten, ist der abnehmende Mond, die Phase zwischen Vollmond und Neumond, sehr günstig. Wie bereits in Teil 1 unter „Schwarz und Weiß" erwähnt, ist es wichtig, Liebesrituale und Partnerzusammenführungen genau zu prüfen, ob sie nicht rein egoistische Ziele verfolgen.

Bei einigen Ritualen verbrennen wir Papier, auf dem Wünsche oder sonstige Texte geschrieben sind. Das ist ganz normal. Allerdings dürfen wir dies nicht in ritueller Weise mit Fotos von Personen tun. Schon gar nicht, wenn das Foto mit persönlichen Daten, wie mit einem Geburtsdatum, versehen ist. Davor möchte ich ausdrücklich warnen, denn die Folgen sind unüberschaubar.

Damit Rituale erfolgreich sein können, ist ein ruhiger Platz erforderlich, an dem wir nicht gestört werden. Ebenso wichtig sind die Konzentration und der wirkliche Wunsch, etwas für uns verändern zu wollen. Die Formulierung ist der Schlüssel. Wir verwenden klare, kurze Sätze, ohne die Worte „nein, nicht, niemals, kein, ohne...". Das bedeutet, dass wir alles positiv formulieren, wie „ich bin erfolgreich", anstatt „bitte lass mich nicht scheitern". Das Universum hört keine Satznegation, es würde „bitte lass mich scheitern" verstehen. Daher ist die Formulierung im Präsens (Gegenwartsform) von großer Bedeutung. Wir gehen immer vom „Ist-Zustand" aus, so als ob das Gewünschte bereits eingetreten ist.

Außerdem ist es wichtig, wie bei allen anderen Praktiken und Gedankenformulierungen, dass unsere Körperteile kein Kreuz bilden. Wir achten also genau darauf, was unsere Beine unter dem Tisch machen und wie die Hände im Schoß liegen.

Das Vollmond-Wunschritual

Schreibe deinen Wunsch auf ein Stück Papier. Tue dies mit Sorgfalt und Fürsorge, denn es ist bereits Teil des Rituals. Zünde eine Kerze, am besten ein weißes Teelicht, an und stelle ein feuerfestes Gefäß bereit. Schalte alle Lichter aus, atme tief und gleichmäßig und erde dich. Dann schließe deine Augen, halte die Hände über das Papier und sprich in Gedanken deinen Wunsch dreimal hintereinander aus. Nimm dir die Zeit, um zu visualisieren, wie sich dein Wunsch erfüllt und bedanke dich dafür. Wenn du fertig bist, verbrenne das Papier, schaue den Flammen zu und sage laut: „Und so sei es."

Lass die Kerze brennen bis sie von selbst ausgeht. Achte darauf, dass die Kerze einen festen und sicheren Platz hat! Sprich mit niemandem über deinen Wunsch, bis er sich erfüllt hat.

Für die Rauhnächte gibt es besonders schöne Rituale. Es ist eine alte Tradition aus der Zeit, in der man hoffte, dass der Winter gnädig ist und sich und sein Vieh verschonte. Noch heute sind viele von uns von dieser „Zeit zwischen den Jahren" angetan und bereiten sich jedes Jahr frühzeitig darauf vor.

Die Rauhnächte beginnen um Mitternacht zum 25. Dezember und enden mit dem Null-Uhr-Glockenschlag am 5. Januar. In diesen zwölf Nächten, die jeweils von Mitternacht bis Mittenacht gezählt werden, sollen die Kanäle zur Anderswelt geöffnet sein. Es werden traditionelle Rituale durchgeführt und wir nutzen die Zeit zum Orakeln. Jeder dieser Tage steht für einen Monat des kommenden Jahres. Wir machen uns genaue Notizen über das Wetter, die Stimmung im Innen und Außen, genauso wie über den geistigen Helfer, den wir für den entsprechenden Tag orakelt haben. Diese Notizen nutzen wir im nächsten Jahr als eigene Vorausschau für den jeweiligen Monat.

Am meisten Spaß während der Rauhnächte macht das Wunschritual. Dafür schreiben wir rechtzeitig vor den Weihnachtstagen unsere Wünsche für das kommende Jahr auf 13 kleine Zettel. Anschließend falten wir alle Zettel gleich, sodass optisch kein Unterschied zu erkennen ist und geben diese dann in eine kleine Schachtel. In jeder Nacht gehen wir hinaus vor die Tür und ziehen blind einen Zettel aus der Schachtel. Diesen verbrennen wir und übergeben somit unseren Wunsch an die geistige Welt. Am Ende bleibt ein Zettel übrig, den wir anschauen, denn das ist der Wunsch, um dessen Erfüllung wir uns selbst kümmern müssen[9].

Wenn du mehr über die Rauhnächte erfahren und dieses Jahr vielleicht selbst mitmachen möchtest, empfehle ich dir das Buch „Vom Zauber der Rauhnächte" von Vera Griebert-Schröder und Franziska Muri.

Schutz

Viele Menschen reagieren sensibel auf ihre Umwelt. Sie spüren Negativität in Räumen oder bei anderen Personen. Jeder kennt die Situation, wenn wir uns mit jemandem länger unterhalten haben und uns danach so schwach und ausgelaugt fühlen, dass wir uns erst einmal ausruhen möchten. Da hatten wir es wohl mit einem Energie-Vampir zu tun. Dieser Mensch meint es nicht böse und es ist ihm nicht bewusst, dass er sich die gute Energie von anderen abzieht. Wenn wir schon einmal

---

[9] Vera Griebert-Schröder und Franziska Muri „Vom Zauber der Rauhnächte",
Irisiana Verlag, 2003, S. 85

magischen Angriffen ausgesetzt waren, können wir uns sicherer fühlen, wenn wir ein paar Vorkehrungen treffen, um uns künftig zu schützen. Einen Schutz sollten wir uns aber niemals aus Angst zulegen. Denn diese Energie ist so stark, dass sie wiederum negative Energien, gemäß dem Resonanzprinzip, anziehen könnte. Machen wir den Schutz aus der Liebe heraus und um uns in die volle Kraft zu bringen, ist das der richtige Ansatz.

Ich möchte dir im Folgenden verschiedene Methoden vorstellen, mit denen du dich schützen kannst.

Schutzsteine

Sie wehren böse Mächte und negative Energien ab, aber sie können noch mehr, denn ihnen werden teils magische Kräfte zugesprochen. Ich habe die stärksten Schutzsteine zusammengestellt.

Schwarzer Turmalin

Er ist besonders nützlich gegen Neid, Missgunst und Heimtücke anderer, außerdem schützt er vor Erd- und Computerstrahlen. Der stärkste aller Schutzsteine fördert Kreativität, Wahrnehmung und Aufmerksamkeit. Er muss direkt am Körper getragen werden. Einmal im Monat unter fließend lauwarmem Wasser reinigen und zum Aufladen in die Sonne oder in die Amethystdruse legen.

Türkis

Starker Heil- und Schutzstein. Man sagt, er verfärbe sich, wenn seinem Besitzer Krankheiten oder Schicksalsschläge drohen. Er vermittelt Tatkraft, Erfolg und Selbstsicherheit. Einmal im Monat in einer Schale mit Hämatit Trommelsteinen entladen und zum Aufladen in Verbindung mit Bergkristallen und Kupfernuggets bringen.

Roter Jaspis

Vertreibt Dämonen und Geister und löst Blockaden. Er wirkt gegen innere Unruhe und harmonisiert. Er sollte direkt auf der Haut getragen werden. Reinigung nach jedem Gebrauch unter fließend lauwarmem Wasser und zum Aufladen in eine Schale mit Hämatit Trommelsteinen legen.

Amethyst

Schützt vor Einbrechern und Dieben und vertreibt böse Gedanken. Er ist hervorragend geeignet, um andere Steine in seiner Druse (Schatulle, mit Amethystkristallen ausgekleidet) aufzuladen. Reinigen ein- bis zweimal pro Monat unter fließend warmem Wasser. In einer Schale mit Bergkristall-Trommelsteinen aufladen.

Onyx

Wurde seit jeher gegen schwarze Magie, Hexerei und die Pest verwendet. Er stärkt die Konzentration und hilft gegen Depressionen und Melancholie. Er sollte längere Zeit am Körper getragen werden, da er recht langsam wirkt.

Regelmäßig unter fließend lauwarmem Wasser reinigen und zum Aufladen über Nacht in die Erde oder einen Blumentopf legen.

Schutzsymbole

Schutzsymbole können wir für Rituale auf den Boden malen oder auf einem Blatt Papier, das wir vor uns hinlegen. Viele Menschen tragen die Symbole als Amulett um den Hals. Sie senden Schwingungen aus und sollen so vor dem bösen Blick (Fluch) schützen. Und sie sollen sämtliche andere Arten von negativen Energien fernhalten. Wenn wir über eine starke Visualität verfügen, können wir uns die Schutzsymbole, vor dem inneren Auge, aus weißem Licht auf den Boden zu zeichnen und uns hineinzustellen.

Das Pentagramm

Das Pentagramm wird im Volksmund auch Drudenfuß, Drudenkreuz oder Fünfstern genannt. Dieses Zeichen gehört zu den mächtigsten und gleichzeitig zu den beliebtesten magischen Symbolen. Manche malen Pentagramme an Wände oder Haustüren, damit sich jedes negative Wesen vor dem Eintreten dem Pentagramm stellen muss.

Jede Spitze des Pentagramms steht für eines der vier Elemente Feuer, Wasser, Erde und Luft. Die oberste Spitze repräsentiert dabei den Geist. Es symbolisiert die Harmonie der fünf Elemente und das Gleichgewicht allen Seins. Der Kreis steht für den Schutzkreis.

Wichtig ist, dass die Spitze nach oben zeigt. Nur so bietet es den stärksten Schutz und symbolisiert die menschlichen sowie die spirituellen Bestrebungen. Die Seele, der Geist und der Wille herrschen über den Körper.

Stellt man die Spitze nach unten, bringt es die Energien durcheinander und kann anderen schaden. Hier herrscht der Körper über den Geist.

Horusauge oder Udjat-Auge

Dieses ägyptische Zeichen steht nicht nur für Schutz, sondern auch für Vervollständigung, Heilung und Vollkommenheit. Das Horusauge stellt ein Mischwesen dar, das die Form einer menschlichen Augenbraue und unterhalb das Auge eines Falken hat.

Ankh oder Henkelkreuz

Der Kreis repräsentiert die Ganzheit, die Ewigkeit und das Kreuz verbindet diese Energie mit der Erde und erweckt sie zum Leben. Es symbolisiert das ewige Leben, die Wiedergeburt und schützt vor schlechten Energien und Wesenheiten. Es öffnet das Tor der Weisheit und bringt Klarheit zwischen Wahrheit und Lüge.

Triskell oder Triskele

Vergangenheit - Gegenwart - Zukunft, aber auch Geburt-Leben - Tod. Die keltische Dreierspirale ist das Symbol für den Kreislauf jeden Lebens, des Wachstums und der Entwicklung. Es wehrt das Böse ab und schützt vor Unglück.

Energetischer Schutz

Hier geht es wieder um das Visualisieren. Die Farben Gold und Violett eignen sich am besten für den energetischen Schutz. Die Form kann eine Pyramide, eine Mauer oder ein Ei sein.

Stelle dich aufrecht hin und schließe die Augen. Atme gleichmäßig und konzentriere dich auf dein Vorhaben. Nun stelle dir vor, wie goldenes oder violettes Licht von oben aus dem Universum zu dir kommt. Es trifft auf deinen Kopf und wandelt sich ab dem Scheitelpunkt in die Form zum Beispiel einer Pyramide. Visualisiere jeden Zentimeter des Weges, den das Licht nimmt, bis die Form vollständig unter deinen Füßen abschließt. Bleibe einen Moment darinstehen und sage dir innerlich, wovor genau du dich schützen möchtest und dass dein Gebilde dich begleiten wird.

Dasselbe kannst du auch mit deinem Haus machen und zwar mit den wirkungsvollen Lichtschwertern. Setze außen am Haus an jede Ecke ein imaginäres Lichtschwert. Diese verbinden sich und bilden ein goldenes Zelt über dem ganzen Gebäude. Das Licht zieht Negatives, welches sich bereits im Inneren befindet, an und gibt es nach oben an das Universum ab. Was von außen kommt und nach innen möchte, prallt ab.

Blockaden, Flüche und Co.

Grundsätzlich unterscheiden wir drei Arten von negativen Einflüssen:

- *Negatives, welches wir uns selbst zufügen*
- *Fremdeinflüsse durch anwesende feinstoffliche Wesen, die von außen einwirken*
- *Interne Einflüsse durch feinstoffliche Wesen, die von innen wirken*

Nur durch eine nicht vollständig intakte Aura haben negative Energien überhaupt eine Chance, uns zu schaden. Sie finden ihren Weg durch die Risse und Löcher in der Aura und setzen sich an den Chakren fest. Der Energiefluss der Chakren wird unterbrochen und wir fühlen uns schlecht, ausgelaugt oder werden sogar krank.

Blockaden

Hat eine Blockade eine karmische Ursache, ist sie in einem früheren Leben entstanden. Ein negatives Erlebnis und dessen Folgen blockieren noch heute. Wenn wir uns zum Beispiel in einem alten Leben gezwungen sahen andere zu bestehlen, haben wir möglicherweise die Schuldgefühle gegenüber den Opfern noch immer in uns. Dadurch kann heute eine Blockade auf den Finanzen liegen. Wir schaffen es nicht unser Geld zu vermehren oder werden selbst bestohlen.

Wir können uns negative Glaubenssätze aus einer früheren Inkarnation mitgebracht haben, genauso entstehen sie in der jetzigen Inkarnation. Wenn wir den Glaubenssatz *„Ich darf nicht gesund werden!"* in uns tragen, verlangt unser Unterbewusstsein nach Aufmerksamkeit. Denn solange wir krank sind, kümmern sich andere um uns. Im Falle einer Genesung würden wir diese Aufmerksamkeit verlieren. So blockieren wir nicht nur die eigene Gesundheit, sondern ziehen noch mehr Krankheiten an, die aufeinander aufbauen können. Haben wir den Glaubenssatz *„Ich kann das nicht!"*, platzieren wir den Berg direkt zwischen uns und unserem Ziel.

Blockaden können sogar von anderen Personen durch böse Gedanken oder schlechte Wünsche gesetzt werden. Je stärker hierbei die Missgunst ist, die der andere beispielsweise in sich hat, desto leichter haftet sich das wie Klebstoff an unser Energiekleid.

Flüche

Ein Fluch, auch Bann, Belegung oder Verwünschung genannt, ist ein Spruch, der durch Rituale oder starke Gedankenkraft über einen anderen Menschen gelegt wird und Unheil bringt. Um diesen wirksam zu machen, muss die betreffende Person weder anwesend sein, noch muss sie von dem Fluch wissen. Dabei spielen die Gedanken die Hauptrolle. Alles was wir denken, formt Energie. Diese Energie wird mit Informationen gespeist und je mehr Gefühle wiederum mit eingeflochten werden, desto stärker kommt sie an. Ist der Angegriffene in seiner Mitte und gehört ganz klar der weißen Seite an, prallt der Fluch höchstwahrscheinlich von ihm ab. Der Angreifer hingegen wird sich nach seinem Schadenszauber noch wundern, da seine niedere Energie die noch niederen Wesen anzieht. Einer Person auf diese Weise schaden zu wollen beruht auf Beweggründen wie Rache, Neid, Missgunst, Eifersucht, Hass, Wut, Ungerechtigkeit, Bestrafung oder um Stärke und Macht beweisen zu wollen. Die Anzeichen eines Fluches können folgende sein: Pech, Misserfolg, seltsame Krankheiten, Verletzungen und anhaltendes Unwohlsein. Oder wir erkennen uns und unser eigenes Verhalten nicht mehr wieder.

Grundsätzlich ist es möglich, eine Belegung durch eine intensive Chakren- und Aurareinigung selbst aufzulösen. Sobald wir aber Gefühle wie Angst und Wut in uns spüren, sollen wir dies nicht versuchen, da die vorhandenen negativen Energien dadurch verstärkt werden. Dann ist es besser zum Profi zu gehen!

Ich möchte darauf hinweisen, dass nicht jede missgünstige Situation oder Pechsträhne auf einen Fluch zurückzuführen ist. Dabei kann es sich auch um Karma oder selbstgesetzte Blockaden handeln.

Umsessenheit

Eine Umsessenheit bezeichnet ein feinstoffliches, erdgebundenes Wesen. Es kann sich dabei um eine anhängliche Seele oder eine Wesenheit handeln, die sich an einen Menschen klammert oder ihm wie ein Schatten folgt. Die Gründe für diese Art von Fremdeinfluss sind sehr individuell. Wenn es eine Seele ist, kann dies eine verstorbene Person sein, die wir sogar kannten. Es kann sich um eine karmische oder sonstige besondere Verstrickung oder Verbindung handeln, die die Seele nicht aus unserer Nähe entlässt. Sie ist der Meinung noch einen Auftrag zu haben, den sie mit unserer Hilfe oder auch gegen uns, erfüllen muss, anstatt ins Licht zu gehen. Um ein Beispiel zu nennen, kann es ein verstorbener Freund sein, der zu Lebzeiten verliebt war, aber bei der Angebeteten keine Chance hatte, da sie nur die Freundschaft gesehen hat. Somit akzeptiert er, auch nach seinem Tod, keine anderen Männer an ihrer Seite und blockiert sämtliche neue Kontakte, die zu einer ernsthaften Beziehung führen könnten. So eine Seele muss nicht unbedingt gefährlich sein, aber sie bedeutet in jedem Fall eine teils massive Einschränkung in unserem Leben.

Eine Wesenheit hingegen ist schon eine andere Sache. In diesem Fall von Umsessenheit können wir sagen, dass es sich um ein negatives Wesen handelt. Es macht ihm Spaß, Menschen zu manipulieren und nährt sich an deren negativen Energien. Gutes Futter dafür sind starke Gefühle wie Angst, Wut und Hass. Mögliche Symptome sind: untypische Verhaltensweisen, Depressionen,

Angstzustände, Wutausbrüche, Selbstschädigung, Gewalttaten, Zwänge, Konzentrationsschwäche, Bewusstseinsunterbrechungen, Gedächtnislücken, Energielosigkeit, ölige Haut, glasige Augen und Schmerzen wie Nadelstiche. Wir ziehen uns diese Wesenheit selbst durch die Ausübung schwarzmagischer Praktiken an. Denn wir erschaffen damit ein Umfeld, in dem sie sich wohlfühlt.

Besetzung

Es ist zwar eher selten, aber dennoch kommt es vor, dass ein Mensch von einer Seele oder einer Wesenheit besetzt wird, sprich, diese den Körper übernehmen will. Diesen internen Fremdeinfluss bezeichnen wir auch als Besessenheit. Die Wesenheit genießt die Macht über den Menschen, da dieser in der Rangordnung über ihr steht und versucht ihn zu beeinflussen. Sie wird hier ebenfalls durch schwarze Magie angezogen. Auch eine Seele kann sich einnisten. Ein Grund kann sein, dass sie nach ihrem Tod nicht ins Licht will und deshalb meint, einen neuen Körper zu brauchen. Sie fühlt sich dann zu einem Menschen hingezogen, der eine gleiche Gedanken- und Gefühlsschwingung hat.

Die Symptome können bei einer Besetzung dieselben sein wie bei einer Umsessenheit.

In beiden Fällen, Besetzung oder Umsessenheit, muss gehandelt werden. Eine Möglichkeit ist die Rückführung (siehe Teil 3), in der ganz genau geklärt wird, um was oder wen es sich handelt. Es kommt auch vor, dass während der Sitzung durch Zufall ein Wesen entdeckt wird, dessen Anwesenheit vorher gar nicht bemerkt wurde. Nachdem herausgefunden wurde, warum die Seele oder Wesenheit sich diesen Menschen ausgesucht hat, wird sie ins Licht geschickt.

Oder wir wenden uns an einen Energieheiler, der Erfahrung damit hat und diesen Job versteht. Der Umgang mit Wesenheiten ist nicht zu unterschätzen und birgt für Unerfahrene eine Menge Risiken und Gefahren.

Bevor wir dieses Thema abschließen, möchte ich noch das Wort „Vergebung" ins Spiel bringen. Egal, was uns eine andere Person oder ein Wesen angetan hat, wir fühlen uns besser und freier, wenn wir vergeben können und das Thema gut sein lassen. Niemand sagt, dass es leicht ist. Wenn wir aber die Wut und den Schmerz loslassen, können negative Restenergien gelöst werden und wir bauen uns weniger bis keine karmischen Verstrickungen auf. Vergebung ist ein Zeichen von Größe.

Die unsichtbaren Helfer

Seit Anbeginn wird die Welt von Lichtwesen begleitet. Diese feinstofflichen Wesen sehen in ihrem Dasein nur einen Auftrag – die Harmonie und das Gleichgewicht in allen Sphären zwischen Himmel und Erde zu erhalten. Sie geben ihr Bestes, um Liebe und Frieden zu allen Menschen, Tieren und der Natur zu bringen.

So unterstützen sie uns jeden einzelnen Tag in unserer Weiterentwicklung. Dabei sind sie stets neutral, sie bewerten und verurteilen uns nicht. Lichtwesen erteilen keine Verbote oder Befehle, sie geben lediglich Ratschläge. Diesen können wir folgen oder wir entscheiden uns dagegen. In jedem Fall respektieren sie unseren freien Willen und die Selbstbestimmung.

Da das Universum einer Ordnung unterliegt, haben die verschiedenen Lichtwesen auch unterschiedliche Wirkungsbereiche.

Die Engel

Engel sind Lichtwesen mit hoher Schwingung, welche aus Licht, Farbe und Klang besteht. Sie bieten uns Schutz, Hilfe und kümmern sich um unser Wohl. Wenn wir Kontakt zu ihnen suchen, zeigen sie sich manchmal in Form eines Windhauchs, von Licht, einem Duft oder sie berühren uns. Je nachdem wie wir uns am wohlsten fühlen.

Engel werden in menschlicher Gestalt mit verhältnismäßig kleinen Flügeln dargestellt. Doch wenn wir sie mit dem dritten Auge sehen, stellen wir fest, dass ihre Flügel um ein Vielfaches größer sind als ihre „Körper". Sie bieten ein imposantes Bild. Wir könnten das mit den Proportionen eines Schmetterlings vergleichen. Leider ist ihr Anblick dem Menschen fast völlig verborgen. In Rückführungen und Meditationen sehen wir Engel oft als Lichtpunkt.

Engel greifen nie von selbst einfach in Situationen ein, sie halten sich immer im Hintergrund. Sie sind jedoch zur Stelle, wenn wir sie klar um Hilfe bitten oder um Rat fragen. Wir dürfen dies so oft tun, wie wir wollen und es benötigen. Sie sehen das nicht als Belästigung, im Gegenteil, sie möchten uns helfend und begleitend zur Seite stehen.

Schutzengel sind sehr aktiv und uns Menschen am nächsten. Sie sind ständig im Einsatz, um Unheil von uns abzuwenden und uns vor Gefahren oder schädlichen Handlungen zu warnen. Sie sind die einzige Gruppe der Engel, die im Notfall eingreifen dürfen, ohne darum gebeten zu werden. Da sie unseren Lebensplan kennen, beschützen sie uns vor lebensbedrohlichen Ereignissen, die diesen Plan durchkreuzen könnten.

Die Erzengel

Erzengel sind den Engeln in der Hierarchie überstellt und die direkten Boten zwischen dem Universum und den Menschen. Ihre Namen enden alle auf -el. Die Ausnahmen sind Metatron und Sandalphon. Man sagt, dass diese beiden als Menschen auf der Erde gelebt haben.

Jeder Erzengel hat bestimmte Aufgaben und Funktionen. Da es eine Vielzahl von Erzengeln gibt, möchte ich dir hier nur die Wichtigsten vorstellen.

Raphael ist für die Ganzheit, Unversehrtheit, Heilung und die Reisenden zuständig. Zu ihm gehört die Farbe Smaragdgrün und das Element Luft.

Gabriel ist mit der Farbe Weiß der Engel für Geburt und Hoffnung. Er ist der Hüter des Elements Wasser, lehrt den Umgang mit Emotionen und bestärkt bei der Klärung von offenen Fragen und Entscheidungen. Er ist der Bergkristall unter den Engeln, da er weiße Energien verstärkt.

Uriel ist der Engel der Lebenskraft und Energie und kann blitzartige Inspiration vermitteln. Er ist dem Element Erde zugeordnet. Sein rechter Flügel ist rubinrot, sein linker ist golden. Das sind auch die Farben, die ihm zugewiesen sind. Er lehrt uns den Umgang mit der materiellen Welt und „steht" auf dem Buch der Heilkräuter. Außerdem verbindet er die Menschen mit ihrem inneren

Licht und erleuchtet den Weg zur universellen Bestimmung.

Raziel ist der Verkünder der Geheimnisse des Lebens und der Schöpfung. Er vermittelt Wissen und hat Einblick in die Akasha-Chronik. Ihm sind die Farben des Regenbogens zugeordnet.

Jophiel ist der Engel der Lebensfreude, des Wissens, der Weisheit und der Beständigkeit. Wir brauchen ihn, um unsere Ziele zu erreichen und Widerstände zu überwinden. Er hilft, wenn Probleme unlösbar erscheinen und ist der Farbe Goldgelb zugeordnet.

Michael ist der mächtigste Erzengel und höchste Verteidiger des Lichts. Er trägt ein Lichtschwert, das symbolisch zur Überwindung des niederen Selbst (der dunklen Kraft im Menschen) dient. Als Zeichen seiner farblichen Zuordnung kämpft er mit seinem blauen Lichtstrahl für und mit uns gegen das Böse. Wir benötigen seine Hilfe, um Verstrickungen zwischen Menschen zu lösen. Sein zugeordnetes Element ist das Feuer.

Zadkiel verteilt Segen und hilft jedem, der vom Weg abgekommen ist und wirkt bei der Heilung von Wunden mit. Er hilft Probleme zu erkennen, macht die Lösungen sichtbar und hilft bei der Transformation. Seine Energie ist die Güte, Gnade, Sanftheit und Barmherzigkeit und seine Farbe ist Violett.

Metatron besitzt die höchste Schwingung. Er ist der Engel der Wahrheit und der Transformation durch Liebe und schreibt außerdem in der Akasha-Chronik. Er ist der Hüter der Wunscherfüllung, des weißgoldenen Strahls, welcher auch seine Farbe repräsentiert und des Seelensterns. Er besitzt eine sehr feine und klärende Energie und hilft uns, Möglichkeiten zu erkennen.

Sandalphon wird als der Zwillingsbruder von Metatron bezeichnet. Er hilft bei musikalischen Vorhaben, erfüllt Wünsche und wacht über das Wachstum der Erde. Mit seiner Farbe Türkis unterstützt er die Zusammenführung von Zwillingsseelen und hilft bei der Arbeit mit dem „inneren Kind".

Bei den Engeln gibt eine Hierarchie. Die Gruppen, in die sie sich einteilen, nennen wir Chöre. Es gibt drei Hierarchien mit jeweils drei Chören.

Die erste Hierarchie

Seraphim

Erhalten die Schwingung der Schöpfung aufrecht

Cherubim

Wächter des Himmels und der Sterne

Throne

Verwandeln Gedanken in Materie

Die zweite Hierarchie

Herrschaften

Helfen uns mit Versöhnung und Vergebung

Mächte

Frieden, Harmonie und Gelassenheit

Tugenden

Freiheit des Willens und Glaubens

Die dritte Hierarchie

Fürsten

Beschützer der Menschheit, Nationen und Rassen

Erzengel

Helfen in der spirituellen Entwicklung

Engel / Schutzengel

Beschützen einzelne Personen. Sie schwingen am niedrigsten, um mit den Menschen in direkten Kontakt treten zu können

.

Die Geistführer

Jeder Mensch hat einen persönlichen Geistführer. Dieser ist ebenfalls ein Engel, aber nicht alle Engel können Geistführer sein. Er muss die Begabung haben, diese starke Energie von seiner Dimension in unsere zu senden. Es ist auch für diese Wesen nicht einfach, ihre Frequenz so zu übersetzen, dass wir sie verstehen können. Der Geistführer ist einem bestimmten Menschen zugeteilt und immer an dessen Seite. Es heißt, dass er auch mal wechseln kann, je nach Situation oder Lebensabschnitt. Der Geistführer ist unser bester Freund, er kennt uns ganz genau und schubst uns immer auf den sicheren

Weg zurück. Im Channeling können wir nach seinem Namen fragen, ansonsten dürfen wir ihm auch selbst einen geben, denn er freut sich über eine direkte Ansprache.

Die aufgestiegenen Meister

Aufgestiegene Meister kennen sich mit dem Leben auf der Erde sehr gut aus, denn sie waren selbst mindestens einmal inkarniert. Sie sind den gleichen Weg gegangen wie wir, haben sich Karma aufgebaut und durch Lektionen gelernt. Sie haben sich in ihrer Entwicklung auf eine so hohe Ebene begeben, dass sie aus dem Reinkarnationskreislauf aussteigen konnten. Nun sind sie reine Lichtwesen und senden energetische Schwingungen, um uns zu unterstützen. Die bekanntesten sind Konfuzius, Saint Germain, Thot (Hermes Trismegistos), Maria, Jesus und natürlich Buddha.

Das „Abgeben"

Ab und zu kommen wir in Situationen, in denen wir eine Lösung brauchen, aber nicht genau wissen, wie wir sie erreichen können. Wir haben natürlich die Möglichkeit, uns einen positiven Ausgang zu wünschen, sind uns aber nicht sicher, ob wir nur zu unserem eigenen Vorteil und somit auch zum Nachteil anderer agieren würden. Dafür ist das „Abgeben" perfekt.

Visualisiere eine kleine Schachtel, die du in den Händen hältst. Sprich mit den Engeln, erkläre ihnen deinen Wunsch und die damit verbundenen Sorgen. Dann gibst du dieses aktuelle Thema in die Schachtel und verschließt sie. Übergib sie nun den Engeln mit den Worten: „Hiermit gebe ich meinen Wunsch an euch ab. Danke!"

Erteile ihnen keine Anweisungen, denn auf welche Art und Weise das Problem gelöst wird, liegt allein bei den Engeln. Nachdem du deinen Wunsch abgegeben hast, sollte das Thema aus deinem System vollständig raus sein. Das bedeutet, dass du nicht mehr daran denkst und dich nicht weiter damit beschäftigst.
Vertraue einfach und du kannst dir sicher sein, dass sich die Engel kümmern und die beste Lösung für alle Beteiligten finden werden.

Meine Freundin Caro hatte Konzertkarten und freute sich ein halbes Jahr lang auf diesen Abend. Zwei Wochen vorher bemerkte sie, dass sie ganz vergessen hatte, sich dafür freizunehmen. Ihr Chef hatte sie aber schon für mehrere Tage Bereitschaftsdienst eingeplant, aus dem sie unmöglich entkommen konnte. Eine Krankmeldung kam nicht in Frage, da sie ihren Kollegen nicht schaden wollte. Also gab sie dieses Problem einfach an die Engel ab. Die beiden Tage vor dem Konzert fiel so viel Arbeit mit unzähligen Überstunden an, dass der Chef ihr daraufhin den nächsten Tag frei gab. Problem gelöst!

Teil 3

Bedingungslose Liebe

Es klingt so einfach und ist dennoch eines der schwersten Dinge, die es zu lernen gibt. Diese Art der Liebe ist die reinste und höchste Form, wahr und echt. Sie ist der Ursprung.

Der Mensch neigt dazu, Fehler zu suchen und zu finden. Lassen sich diese Makel nicht beheben, ziehen wir weiter zu jemand anderem, der hoffentlich weniger davon hat. Es gibt viele Gründe, weshalb wir einen Menschen nicht so sehr lieben können, wie wir das vielleicht gerne möchten. Der eine hat nicht das richtige Gewicht, der andere nicht das Bankkonto und der nächste nicht die passende Nationalität oder Religion. Wir wollen uns den Perfektionismus basteln, indem wir den anderen zur Änderung bitten oder zwingen. Dann kommt es auf die Stärke und das Selbstwertgefühl des anderen an. Lässt er es mit sich machen, haben am Ende beide nichts davon. Das Ego kann so stur und starrköpfig sein, es muss seinen Willen durchdrücken. Egal, ob es den anderen verletzt oder zu etwas macht, was er gar nicht ist oder sein will. Diese Manipulation geht auch unterschwellig vonstatten. Wir hoffen insgeheim, dass der Partner denkt, er oder sie habe die Änderung selbst gewollt.

Die Welt ist voll von „Wenn..., dann". „Wenn du mich nicht angemessen fragst, dann helfe ich dir nicht" oder „Wenn du mir keinen Antrag machst, dann verlasse ich dich". Die Liste ist unendlich lang und die meisten merken nicht, dass wir uns damit selbst das Leben schwer machen.

Die Erwartungen sind oft sehr hoch. Der Partner soll einen angemessenen Standard und Sicherheit bieten, treu und ehrlich sein, eine Stütze in jeder Lebenslage und glücklich soll er uns obendrein auch noch machen. Dafür bieten wir die eigene Anwesenheit und Zuneigung zum Tausch an. Den Mangel, den wir in uns selbst haben, soll der andere ausgleichen. Das kann ja nur schiefgehen. Es ist nun mal so, dass jeder für sein Glück selbst verantwortlich ist. Niemand hat die Aufgabe einen anderen glücklich zu machen. Genauso müssen wir für die übrigen Dinge, die wir haben möchten, selbst in unserem eigenen Inneren sorgen. Zum Beispiel können wir nicht erwarten, von anderen in finanzielle Sicherheit gehüllt zu werden, wenn die Existenzangst an uns knabbert. Oder dass der andere uns mehr liebt, als er sich selbst. Wer das für sich erkennt, ist schon ein großes Stück weiter.

In vielen karmischen Beziehungen geht es bei den Lernaufgaben um Bedingungen. Davon wurden in den vergangenen Leben, die wir zusammen verbracht haben, zu viele ins Spiel gebracht. Das hat viel Karma aufgebaut und das macht es uns heute sehr schwer, eine ausgewogene Partnerschaft zu führen. Erst wenn beide ihr Ego beiseiteschieben, in die Selbstliebe und den Selbstwert kommen, werden die Steine aus dem Weg geräumt.

In einer Beziehung, die mit Bedingungen vollgestopft ist, kann es sich trotzdem um Liebe handeln. Aber solange der Verstand ein Wörtchen mitredet, ist es keine Liebe aus tiefstem Herzen. Denn der Verstand versteht die Bedingungslosigkeit nicht. Die hohe Art der Liebe entsteht in einem weit geöffneten Herzchakra, das sich auf diese feine Energie einstellt und sie in die anderen Chakren weiter transportiert. Die Energie findet ihren Weg aber nicht durch einen Dschungel aus Angst und Mangel. Erst müssen wir uns selbst bedingungslos lieben, uns und unseren Körper annehmen. Und das allein ist schon nicht einfach. Aber wir können es lernen und sind dann frei, um auch unsere Umwelt anzunehmen, wie sie ist.

Vollkommenheit gibt es nicht und das ist gut so. Denn eben diese kleinen Ecken und Kanten machen einen Menschen aus, wirken interessant und erzählen zum Teil seine Geschichte. Die bedingungslose Liebe ist nicht an Vorgaben geknüpft. Wir lieben, weil es Liebe ist. Materielle Dinge, Aussehen, Alter und wo wir uns auf der Erde befinden, spielen keine Rolle. Wir lassen dem anderen seine Freiheit, seine Entscheidungen und gönnen ihm nur das Beste. Keine Verirrung in Machtspiele, Wertung und Verurteilung.

Haben wir die Bedingungslosigkeit in der Liebe nicht gelernt, dürfen wir nicht aufsteigen. Hierbei geht es nicht nur um die Partnerschaft, sondern um jede Art von Beziehungen zu allen Geschöpfen dieser Erde. Es ist also wichtig, den Groll, auch gegenüber Menschen anderer

Nationalitäten, Hautfarben und Glaubensrichtungen, hinter sich zu lassen. Das Schlüsselwort ist Akzeptanz. Wenn wir gelernt haben, alle Lebewesen so zu akzeptieren, wie sie sind, mit allen Unterschieden, mit allen Fehlern, kann sich unsere Seele weiterentwickeln.

„Liebe ist etwas so Schönes und Reines.
Macht sie euch nicht durch eigene Grenzen
kaputt."

Raziel

Das Ego

Der lateinische Begriff bedeutet „Ich". In der Psychologie bezeichnet Ego das „Selbst". Etwas anderes ist der Egoismus. Dieser ist offensichtlich und relativ leicht erkennbar. Das Ego aber sitzt tief in unserem Inneren und wir brauchen sehr viel Selbsterkenntnis, um es aufzuspüren.

Das Ego schafft ein falsches Selbstbild. Wir bewerten, vergleichen, urteilen und verurteilen. Wir identifizieren uns mit unserem Besitz oder unserer Position in der Gesellschaft. Andere, die weniger haben, stehen unter uns. Das Ego hat die Kontrolle. Es lässt neidisch werden, eifersüchtig, arrogant, anmaßend und erzeugt Hass. Durch Macht und die Anerkennung anderer läuft es auf Hochtouren. Werden wir kritisiert und bekommen etwas gesagt, das der eigenen Vorstellung nicht entspricht, wird dies als Kränkung empfunden und es kratzt an unserer Eitelkeit. Der Stolz gehört daher zu den wichtigsten Themen, wenn es um das Ego geht. Wir lassen die Meinung anderer nicht zu, beharren auf unwichtige Kleinigkeiten und bewegen uns keinen Schritt zur Seite. Eine konstruktive Diskussion oder das Eingehen von Kompromissen ist schwer bis schier unmöglich.

Es ist einer der größten Steine, die wir uns selbst in den Weg legen. Wir müssen unser Ego kennen, wenn wir daran arbeiten möchten. Das ist an sich schon nicht einfach, denn es versteckt sich sehr gut und der Mensch ist sich erst mal nicht bewusst, dass seine Handlungen und Äußerungen vom Ego bestimmt werden. Es verdrängt das Fühlen und Denken des „Authentischen Ichs". Dieses ist der wahre Kern unserer Persönlichkeit, das Echte in uns. Das „Authentische Ich" zeigt den Menschen, wie er wirklich ist, ohne Maske, ohne unterdrückte Gefühle.

Das Ego hingegen formt für uns eine Illusion, eine falsche Identität. Wir erschaffen uns eine Realität, in der wir glauben, mehr besitzen zu müssen, höhergestellt und beliebter zu sein. Wir wollen gesellschaftlichen Idealen entsprechen und mit dem Strom schwimmen. Je mehr das Ego gefüttert wird, desto mehr verlieren wir unser eigenes Ich, das, was uns eigentlich ausmacht. Und es wird dadurch schwieriger wieder zu unserem Ursprung zurückzufinden.

Wenn wir in bestimmten Situationen unser Verhalten reflektieren und darin unser Ego erkennen, geschieht dies durch das „Authentische Ich". Bei jeder Entscheidung, die wir treffen, sollten wir uns fragen: „Ist diese aus der Liebe heraus oder aus der Angst?" Es gibt nur diese beiden Gründe, die Liebe und die Angst, aus denen wir heraus agieren. So gehen wir Schritt für Schritt den wahren Ursachen auf den Grund, die für unser Leiden mitverantwortlich sind. Wir finden immer mehr zu uns selbst und zu unseren Lebensaufgaben. So können wir ein Selbstbewusstsein entwickeln, das Entscheidungen zum Wohle aller Beteiligten trifft und uns auch mal gegen die Masse stellen, wenn es einem höheren Sinn dient. Wir gehen unseren eigenen Weg, nicht den der anderen.

„Lass los des Egos innere Hürden
und fühle deinen wahren Kern."

Sandalphon

Der Weg der Seele - Reinkarnation

Eine Seele befindet sich in der Lichtwelt. Irgendwann kommt die Zeit, in der sie wieder in einen Körper muss. Manchmal wird die Seele von einer Lichtgestalt darauf vorbereitet und kann dann die Eltern, die ausgesucht wurden oder sie sich selbst aussuchen durfte, vorher schon besuchen. Oder sie wird davon überrascht und es geht in Windeseile in die andere Welt. Die Seele wird wie durch einen Sog hinuntergezogen und landet im Energiefeld der Mutter. Man vermutet, dass der Sog auf den Zeitpunkt der Befruchtung fällt, manche kommen aber auch ein bisschen später an. Welche Eltern gewählt werden, hängt zum Teil vom Karma ab oder wie der größtmögliche Lerneffekt in diesem Leben erzielt werden kann. Zunächst befindet sich die Seele in der Aura der Mutter, ist aber mit dem Embryo bereits verbunden. Während der ganzen Schwangerschaft bekommt sie telepathisch jeden Gedanken und jedes Gefühl der Mutter mit. Durch die Geburt, auch „Kanal des Vergessens" genannt, wird sozusagen das Gedächtnis an die Lichtwelt und an den Seelenzustand gelöscht. Erst jetzt ist sie vom Denken und Fühlen ein richtiger Mensch. Nun hat die Seele einen Körper und verbringt ihr Leben mit allen Höhen und Tiefen. Sie versucht so viel wie möglich zu lernen, um ihren Seelenplan zu erfüllen.

Früher oder später muss der Mensch die Erde wieder verlassen. Beim Sterben gleitet die Seele aus dem Körper und ist mit ihm erst noch durch die Silberschnur verbunden. Sie schwebt darüber und kann die Empfindungen, wie Schmerzen oder Angst, noch fühlen. Zu diesem Zeitpunkt ist der Körper bereits klinisch tot. Minuten, Stunden oder selten sogar Tage später, reißt die Silberschnur. Bis sie letztendlich gerissen ist, ist es nicht klar, ob der Körper endgültig verlassen wird. Die Seele könnte wieder hineingezogen werden und das Leben geht weiter.

Die Verbindung ist nun getrennt und die Seele fühlt sich frei und leicht, viel besser als es je im Körper gewesen ist. Sie bleibt erst noch eine Weile an dem Ort, an dem sie gelebt hat, um dann ins Licht zu gehen oder von Lichtwesen oder verstorbenen Verwandten dorthin begleitet zu werden. Dieser Zeitraum dauert normalerweise Minuten, Stunden oder Tage. In seltenen Fällen Monate bis Jahre. Im Licht wartet dann die Transformation, was bedeutet, dass die Seele ihr Leben erst mal überdenkt. Was genau hat sie gelernt, was richtig gemacht und mit was hat sie sich negatives Karma aufgebaut. Sie geht aus ihrem irdischen, rationalen Denken raus. Auch materielle Besitztümer spielen keine Rolle mehr. Jetzt ist sie wieder dieselbe Seele wie vor der Inkarnation, nur viel reicher an Erfahrung. Sie genießt die unbeschwerte Zeit in der Lichtwelt oder besser gesagt in der Astralwelt, bis sie wieder an der Reihe für einen neuen Körper ist.

Es kommt allerdings vor, dass sich der Kreis nicht so einfach schließt. Die Seele kann auch noch nicht begriffen haben, dass ihr Körper wirklich tot ist. Das ist oft durch Explosionen der Fall, dann wird die Seele nur so aus dem Körper herausgeschleudert und wundert sich, warum sie von den Menschen nicht mehr wahrgenommen wird. Sie irrt noch auf der Erde herum und versucht möglicherweise mit Personen Kontakt aufzunehmen und sich bemerkbar zu machen. Andere wollen gar nicht ins Licht, wenn sie noch „unerledigte Dinge" offen haben. Sie haben womöglich noch ein Hühnchen mit jemandem zu rupfen, verteidigen ihr ehemaliges Hab und Gut oder haben einfach Angst, dass sie in der Lichtwelt bestraft werden könnten. Wenn sich ein Mensch viel mit schwarzer Magie beschäftigt hat, kommt es vor, dass negative Wesenheiten seiner Seele den Weg ins Licht versperren. Die Beispiele sind endlos, denn jeder ist individuell. Wir sprechen dann von einer „geerdeten Seele", sie ist also noch unter uns.

Viele Seelen werden von ihren lebenden Verwandten oder nahestehenden Personen „festgehalten". Diese können den Tod des geliebten Menschen nicht akzeptieren und wollen ihn einfach nicht gehen lassen. Trauer und Verzweiflung bei den Hinterbliebenen sind nur verständlich, dennoch ist dieses Verhalten leider auch egoistisch. Das emotionale Klammern führt dazu, dass sich die Seele nicht verabschieden kann und somit in unserer Welt gefangen bleibt.

Für eine Seele ist es nicht besonders schön, wieder in einen engen Körper zu müssen. Aber sie tut es gerne, denn sie möchte sich weiterentwickeln. Jedes Leben auf der Erde ist wie ein Abenteuercamp.

Anmerkungen:

Die Astralwelt oder *Astralebene* ist die Dimension, in der sich die meisten Seelen aufhalten, weil sie noch nicht hoch genug entwickelt sind. Wenn das irgendwann der Fall ist, dürfen sie in die Kausalebene, einer Dimension mit sehr hohen und feinen Schwingungen, aufsteigen. Dort existiert man nur noch als reines Geistwesen[10].

Die Silberschnur ist die Verbindung zwischen dem feinstofflichen Astralkörper und dem grobstofflichen physischen Körper. Es ist eine energetische Schnur, vergleichbar mit der Nabelschnur, die uns am Leben hält. Der tatsächliche Tod tritt erst mit dem Reißen der Silberschnur ein.

---

[10] Sanaya Roman und Duane Packer „Das Praxisbuch des Channelns", Heyne Verlag, 2015, S. 66

Karma

Karma bedeutet „Tat, Handlung" und steht für das Zusammenspiel von Ursache und Wirkung. Es gibt keine Ursache ohne darauffolgende Wirkung und keine Wirkung ohne vorhergegangene Ursache. Wenn wir von Karma sprechen, meinen wir meistens das negative Karma. Es gibt aber auch durchaus Positives, das wir uns durch gute Taten anhäufen können. Der Begriff Karma ist grundsätzlich neutral zu betrachten, da in der Lichtwelt keine Wertung vorgenommen wird.

Negatives Karma wird oft als Strafe angesehen, das ist es aber keinesfalls. Es ist eine Lektion, die die Seelen gerne annehmen. Da Karma meist erst in den nächsten Inkarnationen greift, fragen sich viele, ob das fair ist, wenn wir uns doch gar nicht mehr an unsere Fehler erinnern können. Das Unterbewusstsein weiß jedoch sehr wohl, dass wir nicht grundlos leiden. Wir bekommen es in der Qualität zurück, in der wir es gesät haben. Das Ziel der Seele ist aus dem Reinkarnationskreislauf auszusteigen. Das kann sie aber nur schaffen, wenn es kein schlechtes Karma mehr gibt, keine Versöhnung mehr mit einer anderen Seele ansteht und wir die bedingungslose Liebe gelernt haben. Da sich der Mensch jedoch das größte Karma durch das Versagen in der Liebe auflädt, ist das ein schwerer Weg.

Der Reinkarnationstherapeut Dr. Jan Erik Sigdell spricht von drei Grundregeln. Erstens: Du wirst bei den

Menschen wiedergeboren, die du am meisten hasst, erniedrigst oder ausnutzt. Zweitens: Opfer und Täter werden wieder zusammenkommen. Drittens: Du musst das zurückgeben, was du jemandem genommen hast. Dabei muss es sich nicht zwangsweise um Geld oder Materielles handeln. Haben wir jemandem die Freiheit genommen, ist es möglich, dass wir uns in einem nächsten Leben um diesen Menschen mit großer Hingabe kümmern müssen und dadurch unsere eigene Freiheit opfern. Begegnen wir unserem damaligen Täter oder Opfer, geht es um die Versöhnung.

Das entscheidet kein Gericht, sondern die Seele erkennt und urteilt selbst. Sie sieht ein, dass sie aus dem Ego heraus gehandelt hat und gibt die Zustimmung, die Fehltritte zu berichtigen. Daher wird für die jeweilige Inkarnation das Geschlecht zugunsten des bestmöglichen Lernprozesses gewählt. Die Seele sucht die Erfahrung, um nachempfinden zu können, wie sich die Opfer unter ihrer Ignoranz, ihrem Hass, der Rache und anderem Fehlverhalten gefühlt haben. Es gibt also kein Opferleben, wenn wir nicht selbst einmal Täter waren. Wir suchen uns unbewusst einen Täter. Dieser handelt jedoch nicht aus Nettigkeit, weil er uns in der Entwicklung behilflich sein will, sondern rein egoistisch, da er selbst nicht weit entwickelt ist. Finden wir keinen geeigneten Täter, kann es sein, dass wir Opfer von Umständen werden oder wir werden unser eigener Täter, was bei Workaholics gern der Fall ist.

Es geht bei Karma also immer um die Tat. Wobei Untätigkeit auch eine Tat ist. Zum Beispiel laden wir uns durch unterlassene Hilfeleistung das gleiche schwere Karma auf, wie der Täter selbst. So geht es Müttern, die aus Schwäche heraus wegsehen, wenn ihr eigenes Kind missbraucht wird. Oder Menschen, die aus Zeitdruck oder Angst an einer Unfallstelle vorbeifahren.

Kinder, die schon krank auf die Welt kommen oder in jungen Jahren mehr Ärzte als Freunde sehen, leben ihr eigenes Karma noch nicht. Dies passiert erst als Jugendlicher beziehungsweise als junger Erwachsener. Es ist das Karma der Eltern oder sie tragen ein gemeinsames mit ihnen aus. Die Kindesseele sucht sich die Eltern bewusst aus, damit diese ihre Lernaufgaben haben.

Wir haben die Möglichkeit, uns durch eine negative Tat kein Karma anzuhäufen. Dafür müssen wir rechtzeitig zur Einsicht kommen, es aufrichtig bereuen und es dann nie wieder tun. Leider finden die Menschen oft nur Ausreden, um ihr Verhalten zu rechtfertigen anstatt es zu ändern.

„Du kannst dich nicht erinnern, aber deine vorherigen Leben waren sehr ereignisreich. Du hast viel mitgenommen, Gutes und Schlechtes. Sieh das Lernen als Chance."

Jophiel

Der freie Wille

Wir können sagen, dass sich unsere ganze Geschichte, mit all dem Glück und Leid, auf dem freien Willen aufbaut. Nur durch ihn ist Karma überhaupt möglich geworden.

Mein Ausbilder erzählte es als Märchen, aber meiner Meinung und Erfahrung nach steckt sehr viel Wahrheit darin.

In der Lichtwelt gibt es kein Ego. Auch der freie Wille ist dort eingeschränkt. Die Wesen sind alle telepathisch miteinander verbunden und eine Verletzung des anderen würden sie sofort selbst spüren. Auch wenn sie in den freien Willen des anderen eingreifen, würden sie den Eingriff in den eigenen freien Willen erleben. Somit ist es selbstverständlich, dass sie sich gegenseitig keinerlei Schaden zufügen. Sie leben das als „Sofortkarma" aus.

Bei uns auf der Erde sieht dies ganz anders aus. Der Teil in uns, das „Authentische Ich", der die Verbundenheit mit dem Universum und jedem anderen Wesen spürt, wird erstmal vor uns verborgen. Der andere Teil hingegen, „das Ego", kann den freien Willen in vollem Ausmaß ausleben. Wir, die Seelen, haben uns diesen uneingeschränkten freien Willen für das Leben in einem Körper eingefordert. Dafür mussten wir jedoch die scheinbare Trennung vom Universum und das Karma in Kauf nehmen. Denn wie sollten wir sonst aus Fehlern lernen und das Ungleichgewicht, das zwischen Täter und Opfer entsteht, wieder ausgleichen.

Genau genommen ist der freie Wille eine Illusion. Er kam nur durch die Scheintrennung der Wesen untereinander, zum Universum und durch die beiden Teile im Inneren, „Authentisches Ich" und „Ego", zustande. Und genau diese Trennung ist schon die Illusion.

Im Channeling können wir nach Rat fragen. Entscheiden wir uns in der Praxis gegen diesen Rat, ist das vollkommen in Ordnung. Die Lichtwesen bewerten uns nicht, sie sind neutral. Keiner von ihnen schlägt die Hände über dem Kopf zusammen und sagt sich: „Oh, das darf doch nicht wahr sein, jetzt macht er/sie schon wieder das Gegenteil!"

Es gibt Werte, spiritueller und allgemein moralischer Natur, die wir natürlich einhalten sollten. Wie präzise wir uns danach richten, bleibt jedem selbst überlassen. Deshalb dürfen wir niemanden verurteilen, wenn er eine Richtung einschlägt, die uns nicht gefällt. Auch wenn wir wissen, dass ein bestimmtes Verhalten an der Karmalösung vorbeigeht oder wir uns sogar mehr Karma aufbürden würden, hat jeder das Recht, dies für sich selbst zu bestimmen. Wenn wir uns in einer Beziehung mit dem Seelenpartner oder der Dualseele befinden, in der uns einfach alles über den Kopf wächst, können wir alleine entscheiden, wie es weitergehen soll. Selbst wenn wir unserer Lernaufgabe vielleicht nicht gerecht werden.

Bei allen Vorgaben, Richtlinien und an jeder Weggabelung, dürfen wir nach reiflicher Überlegung eine Entscheidung treffen. Positiv oder negativ. Denn genau das macht den freien Willen aus.

Seelenverträge

Während unserer Zeit in der Lichtwelt werden Vereinbarungen und Absprachen getroffen, die sogenannten Seelenverträge. Diese werden zwischen zwei oder mehreren Seelen geschlossen. Außerdem schließen wir einen großen Vertrag mit uns selbst ab. Seelenverträge werden ausnahmslos in positiver Intention abgeschlossen. Manche bringen wir bereits aus alten Inkarnationen mit und weitere werden in diesem Leben eingegangen.

Der Inhalt dieser Verträge kann festlegen wie, wann und in welcher Konstellation die Seelen aufeinandertreffen. Die Seelen erklären sich bereit, bestimmte Funktionen in dem kommenden Leben zu übernehmen, um sich gegenseitig die Möglichkeit zur Heilung zu geben. Aus diesem Grund wird beispielsweise die Mutter-Tochter-Rolle getauscht.

Die Seelen finden sich dann in der Familie, im Freundes- und Kollegenkreis und in Beziehungspartnern wieder. Oder es handelt sich um andere Personen, mit denen wir aus scheinbar zwingenden Gründen Kontakt halten müssen.

Die Verträge dienen der Weiterentwicklung in bestimmten Themen, zur Lösung von Karma und um in die Selbstliebe zu kommen. Natürlich sind diese Situationen, in denen wir genau das lernen sollen, nicht einfach oder angenehm. Denn in allem, in dem wir wachsen müssen, ist zunächst ein Mangel vorhanden. Situativ wird der Mangel gespiegelt, um zu zeigen, wo Ausgleich und Heilung stattfinden muss. So hat jede Seele bereits vor der Inkarnation selbst festgelegt, welche schwierigen Situationen und Schicksalsschläge sie erfahren wird.

Beispiele können sein:

- *Zusammen mit meinem Partner erfahre ich einen großen Verlust*
- *Meine familiäre Situation lehrt mich, in den Selbstwert zu kommen*
- *Das Verhalten meiner Kollegen mir gegenüber zwingt mich, meine Stärken und Fähigkeiten zu reaktivieren*
- *Ich werde einmal tief fallen, um in meine Kraft zu kommen*

Es handelt sich um eine Herausforderung, für die es gilt, eine Lösung zu finden. Das Beruhigende ist, dass es immer eine Lösung gibt, denn auch diese wurde bereits im

Seelenzustand festgelegt. Es liegt an uns selbst, die Herausforderung zu erkennen, zu ergreifen und durch das eigene Potential zu meistern und so letztendlich daran zu wachsen.

Diese Verträge sind jedoch nicht nur da, um uns bei unseren Lebensaufgaben zu unterstützen. Andere sind wie ein Felsbrocken im Weg, der unsere Ziele in weite Ferne rücken lässt. Diese Arten der Seelenverträge, die meistens während der Inkarnation gemacht werden, können demnach auch eine Last sein. Es sind Schwüre, Versprechen und Eide, die sehr heikel sein können, wie:

- *Ich werde dir immer treu sein*
- *Ich werde immer **nur dich** lieben*
- *... bis dass der Tod uns scheidet*
- *Armutsgelübde*
- *Keuschheitsgelübde*

Es sind eingegangene Verpflichtungen, dessen Folgen wir uns wenig oder überhaupt nicht bewusst waren. Wir möchten unsere Schuld wiedergutmachen, immer für den anderen da sein oder wir schwören in manchen Fällen sogar ewige Rache. Oft sind diese Verpflichtungen aber bereits erledigt und wir brauchen sie nicht mehr. Sie behindern und beeinflussen uns nur in unserem Weiterkommen. Unbewusst schaffen wir uns damit Vorgaben, die wie Blockaden wirken. Egal wie sich das eigene Leben verändert, die Verträge wirken weiter und wollen erfüllt werden. Sie hindern uns daran frei zu denken, frei zu handeln und frei zu sein. Es ist an der Zeit, diese Altlasten aufzulösen und sie in die Wüste zu schicken. Dabei kann uns beispielsweise ein Rückführungsbegleiter, ein Akasha-Chronik Leser oder eine medial begabte Person behilflich sein.

Seelenvertrag lösen

Du kannst einen Vertrag selbst lösen. Wirf dazu einen genauen Blick auf die Situation oder Bindung mit einem bestimmten Menschen. Gehe tief in dich hinein, um jede Emotion und jede Kleinigkeit zu durchschauen. Welche Art der Verstrickung könnte zwischen euch herrschen? Welche Auswirkungen hat es auf dich/euch? Wie könnte der Text in dem Vertrag lauten?

Visualisiere den Vertrag schwarz auf weiß. Sage in Gedanken: „Hiermit kündige ich den Vertrag mit ... (Name der Person), und gebe dich und mich für immer frei." Zerreiße ihn vor dem inneren Auge und übergebe ihn der violetten Flamme, die ihn verbrennt. Bitte Erzengel Michael, die Verbindungen zwischen euch mit seinem Schwert zu durchtrennen.

Natürlich kannst du diesen Vertrag auch tatsächlich schreiben, zerreißen und anschließend verbrennen.

Warum spalten sich Seelenanteile ab?

Es gibt Erlebnisse, denen wir nicht gewachsen sind. Durch so ein Trauma trennen sich Seelenanteile ab, um den Schmerz nicht in vollem Umfang ertragen zu müssen. Der abgespaltene Anteil nimmt die schreckliche Erinnerung mit. Es ist ein Schutzmechanismus, der das Überleben sichert.

Zu einer Abspaltung kann es beispielsweise durch Misshandlung, Missbrauch, Schock, Gefahr von Leib und Leben oder den Verlust eines geliebten Menschen kommen.

Bestimmte Fähigkeiten, Talente und Potentiale, die wir zum Zeitpunkt des Erlebnisses hatten, können sich zusammen mit diesem Seelenanteil abgespalten haben. Somit können wir auf diese nicht mehr zurückgreifen. Umso mehr Anteile wir verlieren, desto mehr Ungleichgewicht herrscht in unserem Inneren. Das kann Kraftlosigkeit, Schwäche, Gefühlskälte oder Probleme in der Persönlichkeitsentwicklung zur Folge haben. Außerdem kann es zu einer Leere führen, dem Gefühl nicht ganz hier oder nicht vollständig zu sein. Ebenso möglich sind körperliche Auswirkungen wie Krankheiten.

Diese Anteile kommen in einer neuen Inkarnation nicht einfach wieder dazu, sondern bleiben verloren. Sie sind allerdings noch nahe der Hauptseele im Energiefeld gespeichert und warten auf ihre Rückholung. Manchmal geben sie uns sogar Impulse, damit wir ihre Existenz wahrnehmen.

Die verlorenen Anteile haben sich in der Zeit nach der Abspaltung nicht weiterentwickelt, sie befinden sich immer noch in demselben Zustand und Alter. Deshalb müssen wir ihnen helfen, sich wieder im menschlichen Körper zurechtzufinden. Immerhin waren sie eine Zeit lang weg und kennen die Entwicklung der Persönlichkeit und Lebensweise noch nicht. Je nachdem, wie lange ein Anteil abgespalten war, kann es eine entsprechende Zeit dauern, bis er sich im Körper wieder richtig wohlfühlt. Es kommen außerdem nur so viele Anteile auf einmal zurück, wie wir in dieser Zeit verkraften können. Wichtig zu wissen ist auch, dass sich mit der Rückholung nicht das traumatische Erlebnis selbst zurückholen lässt, wir müssen es also nicht noch einmal durchmachen.

Wenn einem Anteil die nötige Aufmerksamkeit fehlt, kann es auch vorkommen, dass er wieder geht, bevor er vollständig integriert wurde. Daher ist die richtige Integrationsarbeit sehr wichtig.

Es ist durchaus möglich, dass sich auch fremde Seelenanteile in der eigenen Energie befinden. Diese dürfen wir zwar zurückgeben, wir sollten dennoch dabei beachten, dass die entstandene Lücke wieder gefüllt werden muss.

Durch die Rückholung und Integration gewinnen wir wieder mehr Lebensqualität, werden leichter und lebendiger. Ängste und Blockaden werden gelöst. Wir aktivieren ehemals vorhandene Talente und Fähigkeiten und können diese wieder in vollem Umfang nutzen. Es können Gefühle erlebt werden, die wir zuletzt vor dem Trauma empfunden haben, insofern es sich in derselben Inkarnation ereignet hat.

Die verschiedenen Arten der Beziehungspartner

Die meisten von uns haben schon so einige Leben hinter sich. In jeder Inkarnation lernten wir Menschen kennen, die uns auf besondere Weise ans Herz gewachsen sind. Sie waren Teil unseres Lebens als unsere Partner, Familienangehörigen und Freunde. Einige davon dürfen wir wiedersehen, sofern sie sich in demselben Inkarnationszeitraum befinden.

Das Universum hat aber auch Menschen für uns in Petto, die wir während einer Inkarnation selbst noch nie gesehen haben. Diese Menschen werden zu uns geschickt, damit wir uns gegenseitig in einer bestimmten Lebensphase in der Entwicklung helfen.

Wie und wann wir diesen Menschen begegnen, wird durch das Universum und unseren Seelenplan festgelegt.

Leider ist es zwecklos, sich selbst auf die Suche zu machen. Wie so ein Zusammentreffen genau aussehen kann und welche spannenden Aufgaben es zu meistern gilt, findest du im Nachfolgenden.

Der Seelenpartner

Die „Seelenpartner" kennen sich aus einem oder mehreren vergangenen Leben. Sie können ein Paar gewesen sein oder richtig gute Freunde. Oft spielen dabei Versprechen eine große Rolle, die meistens am Sterbebett gegeben wurden: *„Ich werde Dich immer lieben!"*, *„Wir werden immer zusammenhalten!"* oder *„Wir werden uns wiedersehen!"*

Ob sie im aktuellen Leben wieder ein Paar werden, kann von diesem Versprechen abhängen. Waren sie zum Beispiel früher verheiratet und haben sich gesagt, dass es ein Wiedersehen geben wird, kann das heute eine wunderbare Freundschaft sein.

Treffen sich die beiden wieder, besteht von Anfang an eine unglaubliche Vertrautheit. Sie müssen nicht viel reden, alles ist einfach klar. Die Welt um sie herum steht still. Vorerst erkennen sie sich nur auf Seelenebene, der Kopf kann das noch nicht begreifen. Für den Verstand ist es nur das schöne Gefühl, jemanden gefunden zu haben, mit dem man sich blind versteht. Es ist meistens ein positives Verhältnis, da man mit einem Seelenpartner größtenteils eine schöne Vergangenheit hat. Sie haben eine telepathische Verbindung zueinander, in der sie spüren, wenn etwas Schlimmes passiert ist. Es ist die höchste Priorität, dass es dem anderen gut geht, selbst nach einer Trennung. Der Andere ist aus dem eigenen Leben nicht mehr wegzudenken. Viele von uns kennen eine Freundschaft, in der wir einfach wissen, dass wir diesen Menschen nie mehr gehen lassen werden. Egal wie alt wir werden, egal wie weit wir voneinander entfernt wohnen, der Kontakt bleibt bestehen. Dieser Mensch kann unser Seelenpartner sein.

So überwältigend sich das alles anhört, die Seelenpartner haben möglicherweise ein gemeinsames Karma. Das bedeutet, dass es auch mal richtig krachen kann. Vielleicht gilt es Aufgaben zusammen zu bewältigen, die in Form von Steinbrocken im Weg liegen. Ebenso können sich beide spiegeln und alte Wunden zum Vorschein bringen. Verletzungen bleiben also trotzdem nicht aus.

Leider ist einer der Partner im aktuellen Leben oft vergeben, was ein Zusammenkommen zuerst erschwert. Diese Beziehung oder Ehe wird meistens nicht mehr gelebt. Es wird nur noch aus diversen Gründen wie Kinder, Besitz oder Dominanz der Familie, daran festgehalten. Die Begegnung mit dem Seelenpartner ist deshalb kein zeitlicher Zufall, denn jetzt geht es darum, in die eigene Stärke und Selbstliebe zu kommen.

Der Seelenverwandte

Der Begriff „Seelenverwandter" wird oft etwas verklärt beschrieben. Ich denke, dass Hollywood einen großen Teil dazu beigetragen hat. In tränenreichen Liebesfilmen wird immer davon gesprochen, dass man endlich seinen Seelenverwandten gefunden hat, wobei wohl eher ein Seelenpartner gemeint ist. Nehmen wir das Wort mal auseinander, kommt am Ende ein Verwandter dabei raus. Genau genommen ist das ein Mensch aus demselben Seelenkreis oder derselben Seelenfamilie. In einem anderen Leben war es ein Familienmitglied oder jemand, mit dem die Familie viel zu tun hatte. Dabei handelt es sich immer um karmische Beziehungen zueinander. War es keine karmische Verbindung, dann meinen wir eher einen Menschen, mit dem wir heute eine große Übereinstimmung von Ansichten haben und uns deshalb sehr wohl bei ihm fühlen. Ein Seelenpartner kann übrigens auch ein Seelenverwandter sein.

Dabei sollte nicht vergessen werden, dass es sich bei einer Seelenverwandtschaft nicht immer um den Fall „Mensch-Mensch" handeln muss. So können wir zu Tieren ebenfalls eine besondere Verbindung haben, die uns in einer anderen Inkarnation wieder zusammentreffen lässt.

Der karmische Lernpartner

Eine „karmische Lernpartnerschaft" basiert auf den Lernaufgaben. Beide Seelen haben sich in der Lichtwelt dazu verabredet, in der aktuellen Inkarnation bei bestimmten Themen Hilfestellung zu leisten. Ist der Zeitpunkt gekommen, an dem die notwendigen Veränderungen in der Lebenssituation oder -einstellung anstehen, leitet das Universum die Begegnung der beiden ein. Es fühlt sich schicksalhaft und wunderschön an, wenn sie sich das erste Mal sehen. Ab diesem Moment können sie an nichts anderes mehr denken, als an ihr Gegenüber. Sie bekommen ständig Zeichen, die auf eine besondere Verbindung hinweisen. Auf diesen Menschen haben sie gewartet und lassen alles stehen und liegen, um eine Beziehung möglich zu machen. Das Glück scheint perfekt zu sein. Da es sich aber um eine karmische Lernpartnerschaft handelt, halten sie sich gegenseitig den Spiegel vor. Das heißt, dass der anfängliche Perfektionismus der Sicht auf die inneren Wunden weichen muss. Sie sollen ihr Karma lösen, welches allerdings kein gemeinsames sein muss. Möglicherweise kennen sie sich nicht einmal aus einem vorherigen Leben oder standen in keiner persönlichen Bindung zueinander.

Gegenseitig zeigen sie sich die Situationen auf, die besser verlassen werden sollten, da sie nicht mehr stimmig sind. Dieser Punkt ist mit der Seelenpartnerkonstellation identisch. Es werden die falschen Gründe vorgeschoben, um sich nicht aus der eigenen Lage zu befreien. Aber indem versucht wird, beispielsweise den Partner in einer noch bestehenden Beziehung oder Ehe nicht zu verletzten oder im Stich zu lassen, stellt man sein eigenes Glück in den Schatten. Das ist für beide nicht dienlich, da auch für den anderen die Chance auf ein neues Glück verbaut wird. Der karmische Partner legt unbewusst dar, warum es so wichtig ist in den Selbstwert zu kommen.

Es können sich auch schmerzliche Situationen aus der Vergangenheit wiederholen. Damals hatten beide möglicherweise nicht genug gelernt oder das Erlernte nicht gefestigt. So werden sie mit demselben Thema nochmals konfrontiert, damit der Kreislauf ein Ende findet. Dabei handelt es sich häufig um Selbstliebe und Toleranz.

Was bei den beiden so fabelhaft anfing, kann sehr plötzlich mit einer großen Verletzung enden. Sie bemerken, dass ihre unterschiedlichen Ansichten die Partnerschaft scheitern lassen. Da sie die Welt nicht mehr verstehen, beginnt jeder für sich, alles von der ersten Minute an aufzuarbeiten. Wie konnten sie sich so täuschen? Warum wurden sie überhaupt zusammengeführt, wenn ihre Beziehung doch keine Chance hat? Alles scheint so unfair und sinnlos zu sein. Doch genau dieses Nachdenken bringt die Heilung, auf die ihre Seelen hingearbeitet haben. Sie nehmen ihr eigenes Leben unter die Lupe und bekommen so die Antworten auf die vielen Fragen, die sich nach der Trennung ergeben. Die Sehnsucht ist groß, doch durch die gewonnene Einsicht besteht eigentlich kein Grund mehr, weshalb sie den anderen zurückhaben wollen. Trotzdem gibt es Paare, die es nochmals miteinander versuchen und dann eine glückliche Partnerschaft führen. Ausnahmen bestätigen bekanntlich die Regel.

Die Dualseele

Eine Seele hat sich während eines Zwischenlebens in der Lichtwelt geteilt. Dabei gehen wir von zwei Teilen aus. Es ist aber nicht auszuschließen, dass es auch mehrere Teile gibt. Diese beiden Seelenteile nennen wir „Dualseelen". Im Englischen werden sie „Twin Flame" genannt, daher bezeichnen wir sie auch als „Zwillingsflamme".

Wenn die Zeit reif ist, werden die beiden wieder zusammengeführt. Dabei kommt es auf Seelenebene zu einem Feuerwerk, wovon das Bewusstsein natürlich wieder weniger bemerkt. Zumindest einer der beiden, meist der weibliche Teil, fühlt die Anziehung zwischen ihnen ein bisschen stärker. Dann folgt eine Vertrautheit, wie sie beide noch nie zuvor erlebt haben. Sie können sich fallen lassen, fühlen sich angekommen, endlich vollständig. Sogar die Sexualität wird auf ein neues Level angehoben. Aber Vorsicht, die Achterbahn fährt sehr schnell wieder runter. Genauso, wie ich in Teil 1 „Schwarz und Weiß" über die Dualität geschrieben habe, verhält es sich mit den Dualseelen. Sie könnten nicht gegensätzlicher sein und doch gehören sie zusammen.

Recht schnell zieht sich einer, meistens der männliche Teil, zurück. Er kommt mit der plötzlichen emotionalen Nähe und Vertrautheit nicht klar. Für den anderen ist das die Hölle auf Erden, an der er fast zerbricht. Zieht dieser sich dann auch zurück, kommt der andere wieder auf ihn zu. Wir können uns ein Gummiband zwischen den beiden vorstellen, das immer wieder in Spannung gebracht wird, sobald einer lockerlässt. Sie drehen sich mit ihrer Verlustangst, Sehnsucht, Ablehnung und der eigenen Schutzmauer ständig im Kreis. Jeder muss mit seinem Stolz den eigenen Willen durchboxen und stolpert dauernd über neue Hindernisse. Sie verstehen sich irgendwann selbst nicht mehr, machen absolut untypische Dinge und versinken in einem Gefühlschaos. Immer in der Hoffnung, dass alles doch noch gut wird, kämpfen sie unermüdlich weiter, bis beide keine Kraft mehr haben und leider, nach langer Zeit, oft kapitulieren.

Durch die vielen Inkarnationen, in denen sie zusammen waren, bringen sie so viel gemeinsames Karma mit, dass das eine Leben zur Lösung kaum ausreicht. Haben sie eine Lernaufgabe gemeistert, warten schon zehn weitere. Ob die Beziehung Bestand hat, hängt von der Weiterentwicklung ab. Nicht alle sind für ein gemeinsames Leben bestimmt. Die Priorität, dass sich die beiden getroffen haben, liegt auf dem Lerneffekt. Bleibt nur einer in seinem Ego gefangen, sinkt die Chance erheblich. Obwohl sich beide eine gemeinsame Zukunft wünschen, rennen sie in unterschiedliche Richtungen. Ständige Trennungen und anschließende Versöhnungen sind fast schon normal. Sie können nicht miteinander, aber auch nicht ohne den anderen. Der psychologische Spiegel greift massiv, denn niemand kann innere Wunden so gut aufzeigen, wie die andere „Hälfte". Diese Begegnung ist eine der größten Herausforderungen des Lebens.

Viele denken, dass das Universum eine Trennung erst anerkennt, wenn das gemeinsame Karma abgebaut ist und alle Lernaufgaben erfüllt sind. Aber das ist ein Irrtum. Der Dualseelenprozess gilt als beendet, wenn zumindest einer der beiden an den Punkt kommt, an dem er loslassen kann. Das bedeutet, dass dieser nicht nur die Bedingungslosigkeit und die Liebe verstanden hat, sondern auch seinen Selbstwert erkannt hat. Er möchte sich die schlechte Behandlung des anderen nicht mehr gefallen lassen und sich lieber wieder um das eigene Wohl kümmern.

Es ist eine unendlich tiefe Liebe, in der die Verbundenheit für immer bleibt. Egal, wie sehr sie sich verletzt und enttäuscht haben, sie würden den anderen trotzdem nie hängen lassen, wenn es darauf ankommt. Die vorhandene Telepathie zwischen beiden bleibt bestehen. Diese geht sogar so weit, dass der eine die Gefühle des anderen körperlich spürt.

Jetzt, da sich die Seelen auf der Erde wiedergefunden haben, lassen sie sich nicht mehr los. Sie besuchen sich, wenn die Körper schlafen. Nach der Trennung glauben sie, ohne die andere Hälfte nicht vollständig zu sein und sehen die Sinnlosigkeit in einer neuen Beziehung, da sie keine tiefe Liebe mehr für jemand anderes empfinden könnten. Meistens sorgt das Universum jedoch irgendwann für eine neue Begegnung, die sie wieder aufblühen lässt.

„Es gibt eine Liebe, die über jede Liebe erhaben ist, die Leben überdauert. Zwei Seelen aus einer entstanden. Vereinigt wie zwei Flammen. Identisch - und doch getrennt. Manchmal zusammen, durch Gefühl und Verlangen verschweißt. Manchmal getrennt, um zu lernen und zu wachsen. Aber einander immer wieder findend. In anderen Zeiten, anderen Orten. Wieder und wieder.“

Tatsuya

Die Zwillingsseele

Die „Zwillingsseelen" haben sich höchstwahrscheinlich schon in mehreren Inkarnationen getroffen und begegnen sich meist erst nach dem Dualseelenprozess. Da sie in der Vergangenheit sehr viel gelernt haben, sind sie nun bereit, in die Harmonie überzugehen.

Es besteht am Anfang eine starke Anziehung und großes Vertrauen. Die beiden können in der Freizeit ihren eigenen Hobbies und Interessen nachgehen, ohne sich dabei durch Eifersucht oder Kontrollzwang im Weg zu stehen. Anschließend freuen sie sich wieder aufeinander und können es kaum erwarten von den Erlebnissen zu erzählen. Überhaupt gehen sie sehr freundschaftlich, oder geschwisterlich, miteinander um. Und da haben wir den Knackpunkt. Wie der Begriff „Zwilling" aussagt, handelt es sich mehr um eine Bruder-Schwester-Beziehung. Natürlich sind sie nicht wirklich blutsverwandt. Es bedeutet auch nicht zwangsweise, dass sie in einem früheren Leben Geschwister waren. Ihre Seelen sind sich einfach sehr ähnlich und sie teilen viele Gemeinsamkeiten und Ansichten.

Eine Partnerschaft kann daher schnell wieder auseinandergehen, wenn sie ihr Verhältnis als zu familiär ansehen. Es ist allerdings möglich, dass es zu einer langfristigen Beziehung führt. Die körperliche Anziehung lässt relativ schnell nach und rutscht irgendwann fast komplett in den Hintergrund. Da sich die beiden jedoch als Team betrachten und eine große Einigkeit herrscht, steht das

Körperliche sowieso nicht an erster Stelle. Sie genießen die Zweisamkeit in ruhigen Gewässern. Daher kann es sein, dass sie auf ihre Außenwelt eher langweilig wirken.

Der Schwerpunkt ihrer Begegnung liegt nicht auf dem Lerneffekt. Was aber nicht bedeutet, dass alles konfliktfrei abläuft. Jede Art der Beziehung ist dazu da, um sich weiterzuentwickeln. Dennoch lösen sie ihre Probleme auf harmonische und sehr respektvolle Weise. Sie legen den Fokus auf die gegenseitige Hilfe und Unterstützung. Sollte es zu einer Trennung kommen, kann diese mit großen Schwierigkeiten und Verletzungen einhergehen. Nach einer gewissen Zeit bemerken die Seelenzwillinge jedoch, dass sie sich nicht aus ihrem Leben streichen möchten und gehen in eine innige Freundschaft über.

Ergänzende Erklärung - Psychologischer Spiegel oder Spiegelgesetz

Hier greift das Resonanzprinzip. Haben wir eine innere Wunde (dieser müssen wir uns nicht bewusst sein), die wir nicht verarbeiten und lösen, können wir von anderen emotional verletzt werden, wenn sie unbewusst genau auf dieses Thema zielen. Die anderen sind dabei aber nicht die Bösen, sondern eher die Guten. Sie zeigen uns auf, dass im Inneren etwas nicht stimmt und mehr Beachtung braucht. Wenn es keine Wunde gibt, kann der andere sagen oder machen was er will, wir empfinden es vielleicht als anmaßend, aber es verletzt uns nicht.

Alles, was uns an anderen stört oder wütend macht, unterdrücken wir in uns selbst.

Alles, was wir an anderen lieben, sind wir selbst und haben es selbst in uns.

Die Rückführung

Es gibt hypnotische und nicht-hypnotische Formen der Rückführungstherapie, auch Reinkarnationstherapie genannt. Als Klient werden wir unter Hypnose beziehungsweise in einem tranceähnlichen Zustand in ein früheres Leben, die Kindheit, die Pränatalzeit (Zeit im Mutterleib) oder in ein Zwischenleben zurückgeführt. Wir erzählen alles was wir sehen, fühlen und hören, und der Therapeut oder Begleiter, führt uns durch die einzelnen Situationen oder gezielt zu wichtigen Erlebnissen. Dazu gehört viel Einfühlungsvermögen von Seiten des Begleiters, sowie das nötige Wissen und die entsprechende Erfahrung. Den Verlauf einer Sitzung kann man nicht planen, es ist jedes Mal anders, da auch jeder Mensch anders ist. Der Begleiter muss auf alles reagieren können und vor allem geduldig sein, denn nicht immer läuft alles reibungslos ab. Jede Kleinigkeit kann entscheidend sein, daher würde ein Schnelldurchlauf das Ergebnis beeinträchtigen.

Eine Rückführung eignet sich bei Krankheiten, psychischen Problemen, Phobien, Erfolglosigkeit, zwischenmenschlichen Konflikten, Beziehungsproblemen und vielem mehr. Das konkrete Problem wird benannt und unser Unterbewusstsein führt uns in die Vergangenheit. Dort wird die Ursache angeschaut, nochmals durchlebt und die darin entstandenen negativen Gefühle gelöst. Es ist unbedingt notwendig, dass die Ursache gefunden wird. Anders können wir das Problem nicht aufarbeiten und kratzen nur an der Oberfläche. Gegebenenfalls geht der Begleiter mit uns durch das zugehörige Täterleben. Wir können unser Opfererlebnis besser verstehen, wenn wir sehen, dass wir es nicht umsonst durchmachen mussten, sondern es einen Sinn ergeben hat. Schuldgefühle und negative Glaubenssätze können losgelassen werden, wir brauchen sie heute nicht mehr.

Das Erlebnis, das angeschaut wird, ist natürlich nicht schön. Immerhin hat es die Seele nachhaltig verwundet und einen Rattenschwanz nach sich gezogen, nämlich das heutige Problem. Bei körperlichen Leiden kann eine Verletzung oder Tötung ursächlich sein. Haben wir andauernde Hals- oder Nackenprobleme, wurden wir im alten Leben wahrscheinlich erhängt oder geköpft. Bei Migräne könnte es eine schlimme Kopfverletzung gewesen sein. Ständige Schmerzen an bestimmten Körperstellen sind wahrscheinlich durch Messerstiche oder Schusswunden entstanden. Das Leiden selbst erzählt schon viel über seine Herkunft.

Psychische Probleme können auch im heutigen Leben entstehen und sich aufbauen. Werden Gefühle verdrängt, nisten sie sich im Körper ein. Je mehr sich ansammelt und verdrängt wird, desto wahrscheinlicher wird daraus eine körperliche Krankheit. Ich erkläre es meinen Klienten immer so: Das Unterbewusstsein versucht mit leiser Stimme mitzuteilen, dass im Inneren etwas nicht stimmt. Hören wir nicht darauf, klopft es an die Tür. Öffnen wir die Tür nicht, fällt es mit der Tür ins Haus. Das ist dann die Krankheit. Sie zeigt sich erst mit leichteren Symptomen, beispielsweise auf der Haut, wird dann stärker, bis wir Stammgast beim Arzt und in der Apotheke sind. Dann ist es allerhöchste Zeit, sich dem Problem zu stellen und aktiv an der Lösung zu arbeiten.

Zwischenmenschliche Konflikte gibt es oft dort, wo sich Opfer und Täter wiedergefunden haben. Da muss eine Versöhnung auf Seelenebene stattfinden. Was ist damals vorgefallen? Das gegenseitige Verzeihen kann sehr schwierig sein, wenn die Zusammenhänge jedoch klar sind, geht es um einiges leichter. Der andere hat es uns ja nicht umsonst angetan.

Liegt ein traumatisches Erlebnis in der Kindheit vor, muss das nicht zwangsweise auch die Ursache sein. Es könnte sich um einen Musterverstärker handeln. Das bedeutet, dass die eigentliche Ursache in einem früheren Leben stattgefunden hat, die Erfahrung in der Kindheit nur auf die Wunde des Urtraumas aufmerksam machen sollte.

Fallbeispiele aus realen Sitzungen:

Der Grund, dass sich Elena für eine Rückführung entschieden hat, war ihr Asthma. Seit ihrer frühen Kindheit litt sie an einer Tierhaar- und Hausstauballergie, die sich recht schnell zu Bronchialasthma entwickelt hat. Nachdem sie davon mehr als zwanzig Jahre eingeschränkt war, hatte Elena endgültig genug davon und suchte nach einer Lösung.

Sie sah sich als einen jungen Mann im Mittelalter, der den Lebensmittelmarkt im Hof einer Burg besuchte. Eine alte Frau verkaufte Weintrauben und bot ihm eine zum Probieren an. Nachdem er die Traube gegessen hatte, ging er aus der Burg hinaus und lief auf einer Wiese nach Hause. Plötzlich bemerkte er, dass er schlecht Luft bekam und fiel ins Gras. Sein Hals ist innerlich immer mehr angeschwollen und führte dann zum Erstickungstod. Ihm wurde klar, dass die Traube vergiftet war. Aber weshalb die alte Frau ihm das angetan hat, da sie ihn doch gar nicht kannte, war ihm schleierhaft. Als die Seele den Körper verlassen hatte und er auf die Situation schaute, kam die Aufklärung. Die alte Frau war Elenas heutige Mutter. Sie hatte keine Ahnung, dass ihre Trauben vergiftet waren. Auf der Seelenebene war dadurch ein Konflikt entstanden. Elenas Seele hatte immer geglaubt, dass die Frau sie absichtlich umgebracht hat und gab ihr die Schuld am frühen Tod. Die Frau (die Mutter) aber war verärgert, dass man ihr diese Tat unterstellt hat. Durch die Gegenüberstellung der beiden konnten die Missverständnisse geklärt werden und sie haben sich versöhnt.

Der Erstickungstod ist typisch für die heutige Atemwegserkrankung, die durch das erneute Durchleben der Situation gelöst werden konnte. Nach einigen Wochen waren die Allergien verschwunden und ein halbes Jahr später verabschiedete sich auch das Asthma.

Meine Klientin Ina kam zu mir, da ihr der Glaube an sich selbst fehlte. Sie konnte sich keine ruhige Minute gönnen, musste immer beschäftigt sein. Sie dachte, andere würden sie sonst für faul halten, also musste sie immer im richtigen Licht stehen. Ihr war es am wichtigsten, was andere über sie denken.

Im Jahr 1821 war sie eine schöne Frau mit Mitte dreißig. Sie hatte lange rote Locken und war gut gekleidet. Nachdem sie auf dem Markt einkaufen war, wurde sie von einem älteren Mann in seiner Kutsche entführt. Sie fuhren zu einer Waldhütte, er führte sie hinein und fesselte sie. Mit ihr waren noch andere Gefangene in der Hütte, alle mit roten Haaren. Als der Mann gegangen war, hörte sie draußen eine laute, aufgebrachte Menschenmenge. Sie setzten mit ihren Fackeln die Hütte in Brand und freuten sich, denn alle darin sollten brennen, weil sie böse sind. Ina wurde bereits durch den Rauch ohnmächtig und merkte somit nicht, wie ihr Körper verbrannte. Es stellte sich heraus, dass es sich um eine Hexenverbrennung gehandelt hat. Sie war aber eine Naturmedizinerin, die aufgrund der alternativen Methode und ihrer Haarfarbe der Willkür der Menschen ausgesetzt war. Seit damals war es ihr wichtig, was andere Leute von ihr denken, damit so etwas nicht nochmal passiert.

In dem dazugehörigen Täterleben war sie ein Römer in hoher Position. Er hielt sich Gefangene, um sie zur Belustigung des Volkes mit Raubkatzen in der Arena kämpfen zu lassen. Er ließ sie in einer Reihe sitzen und machte seine Wahl, wer als nächstes rein musste, davon abhängig, wer am meisten Angst hatte und gebettelt hat. Ihm gefiel diese Angst und wie seine Gefangenen chancenlos um ihr Leben kämpften. Dafür wurde er bewundert und ließ sich feiern.

Durch dieses Leben als Täter war der Zusammenhang mit dem Trauma in der Waldhütte klar. Sie sollte die Willkür am eigenen Leib spüren. Genauso die Ungerechtigkeit und Nutzlosigkeit des Handelns.

Die Akasha-Chronik und die Palmblattbibliothek

Die Akasha-Chronik geht weit über religiöse Grenzen hinaus und der Zugang ist von keinem Glaubensmuster oder System abhängig. Der Begriff stammt aus dem Sanskrit und heißt „Äther". Dieses erfüllt den Bereich des Universums oberhalb der irdischen Sphäre. Materielle und nicht materielle Dinge wie Gedanken, Gefühle, Schwingung, Energie, Kreatives, sowie die Energie der materiellen Dinge sind im Feld der Akasha enthalten[11]. Also alles, was die Seele bisher erlebt hat, während der Inkarnationen und der Zwischenleben, und alles, was jemals im Universum stattgefunden hat. Alles ist gespeichert, nichts geht verloren. Jeder hat das Geburtsrecht, in seiner Akasha-Chronik zu lesen und dadurch zu lernen. Wir sind so auch in der Lage, Einblicke in unser Karma zu bekommen. Hierfür sind die Erdung und vollständig funktionstüchtige Chakren nötig.

Klang ist Schwingung. Wir kommunizieren über Schwingungen, die von dem achten Chakra aufgenom-

---

[11] Gabrielle Orr „Akasha Chronik – One True Love", Ansata Verlag, 2. Auflage 2015, S. 36

men und an das Gehirn weitergeleitet werden. Das Gehirn kennt die Schwingungen und übersetzt in die uns bekannte Sprache[12].

Die Akasha und ihr gesamtes Feld hat Wächter, oder auch Hüter genannt, die entscheiden, ob wir Zugang erhalten oder nicht. Sie schätzen ein, ob wir den Anforderungen entsprechen, die Absichten aufrichtig sind und welche Informationen wir bekommen[13].

Ist der Zugang gewährt, sprechen wir mit den Meistern und Lehrern (Wesen mit einer sehr hohen und reinen Schwingung), sowie mit den Ahnen. Bei Bildern oder Symbolen dürfen wir so lange nachfragen, bis wir die Bedeutung verstanden haben. Um überhaupt einen Kontakt zu bekommen, müssen die eigenen Gedanken ausgeschaltet und den Meistern zur Verfügung gestellt werden. Wenn in einer Antwort ein „Ich" vorkommt, haben wir es leider noch nicht geschafft. Dann ist das rationale Denken noch im Spiel. Die Augen bleiben dabei die ganze Zeit über geöffnet. Wir können die Akasha-Chronik auch für andere Menschen lesen, sofern der konkrete Auftrag besteht. Fragen wir etwas in unserer eigenen Chronik

---

[12] Gabrielle Orr „Akasha Chronik – One True Love", Ansata Verlag, 2. Auflage, 2015, S. 37f

[13] Gabrielle Orr „Akasha Chronik – One True Love", Ansata Verlag, 2. Auflage, 2015, S. 62f

über andere, das nicht direkt mit uns zu tun hat, wird die Antwort verweigert.

Durch das Lesen in der Akasha können wir unsere verborgenen Talente und unser Potential, aber auch alte Muster erkennen, Fragen über unsere Lebensaufgaben klären und Verletzungen auflösen. Sie gibt Rat in bestimmten Lebenssituationen und verhilft zur Selbsterkenntnis. Kurz gesagt, es ist eine der besten Informationsquellen über sich selbst.

Jede Methode oder Technik können wir lernen und selbst ausüben, wo auch immer auf der Welt wir das möchten. Nur das Lesen des Palmblattes nicht. Dafür müssen wir nach Asien reisen, das ist die einzige Möglichkeit.

Vor vielen tausend Jahren wurden die Blätter der Stechpalme von den sieben Heiligen Rishis in Sanskrit oder Alt-Tamil beschrieben. Die Informationen hierfür haben die Weisen aus der Akasha-Chronik ausgelesen. Jedes Blatt ist für einen bestimmten Menschen, aber auch für Regionen und Länder. Haupt- und Nebenbibliotheken, in denen die Palmblätter aufbewahrt werden, sind in ganz Indien und Sri Lanka verstreut. Die größte Bibliothek befindet sich in Bangalore. Dort werden rund 1,3 Millionen Blätter archiviert. Wird ein Blatt nach ca. 500 - 800 Jahren brüchig, wird ein Neues beschrieben.

Sind wir in einer Bibliothek angekommen, geben wir erst drei Daumenabdrücke, Vornamen, Adresse, Kontaktdaten und unser Geburtsdatum an. Der Nadi-Leser studiert die Abdrücke und ordnet sie einer der 108 Kategorien zu. Danach macht er sich auf die Suche nach dem persönlichen Blatt, was Stunden oder Tage dauern kann. Er kommt mit einem Bündel von 100 gebundenen Blättern zurück und wählt eines davon aus. Darauf findet er Informationen über die Charaktereigenschaften, Talente und Fähigkeiten. Auch über diese, die wir in früheren Leben hatten. Er gibt Auskunft über die Vergangenheit, Beziehungen und die Aufgaben bis zum Jahr des Todes. Für die seelische und körperliche Verfassung erteilt er Ratschläge über die Beseitigung von Beschwerden. Anschließend bekommen wir noch unser persönliches Mantra.

Die Frage ist, ob es sich lohnt, nur deswegen nach Indien zu reisen. Aber wenn wir schon mal dort sind, sollten wir uns die Gelegenheit nicht entgehen lassen. Ich habe aus persönlichen Erzählungen erfahren, dass die Bibliotheken nicht unbedingt das sind, was wir uns vorstellen. Wer ein prachtvolles Gebäude erwartet, wird sich erschrecken, denn es wurde von eingefallenen Häusern in Hinterhöfen berichtet. Bis sie von dem Nadi-Leser aufgerufen wurden, war es wohl ein seltsames Gefühl, denn sie wussten nicht, was sie erwartet. Anschließend gingen aber alle glücklich und zufrieden wieder raus und waren von der Lesung mehr als fasziniert.

Teil 4

Affirmationen und Mantras

Es sind bejahende Worte oder kurze Sätze, die laut oder in Gedanken immer wiederholt werden. Sie dienen dazu, das Denken positiv zu beeinflussen und so die Energie in die gewünschte Richtung zu schicken. Umso länger wir damit arbeiten, desto stärker manifestiert es sich und verändert die eigenen Denk- und Verhaltensweisen.

Eine Affirmation können wir uns selbst oder von einer begleitenden Person, wie einem Therapeuten oder einem Coach, erstellen lassen. Es ist etwas sehr Persönliches und wird in der Regel alleine praktiziert. Dies machen wir, um unsere Ziele zu erreichen oder Probleme zu bearbeiten. Negative Glaubenssätze werden zu etwas Positivem transformiert. Haben wir den Satz „Ich bin nicht liebenswert" in uns, lösen wir diesen durch „Ich verdiene es, geliebt zu werden" ab. Fehlt es uns an Motivation und Selbstvertrauen, könnten die Worte „Ich trage alles in mir, was ich brauche" hilfreich sein.

Der Satz beginnt mit „Ich" und wird in der Gegenwartsform positiv formuliert. Er sollte knapp, präzise und ohne zeitliches Limit sein. Wichtig ist, dass es sich nur auf einen selbst bezieht, denn die Gedanken von anderen Personen können, oder sollten nicht, beeinflusst werden. Dieser Satz wird dann mehrfach wiederholt, am besten für insgesamt ca. zehn Minuten am Tag. Ob wir ihn auswendig aufsagen, lesen oder singen, ist nicht von Belang. Dies kann jeder für sich selbst entscheiden. Er kann eine tiefere Wirkung entfalten, wenn wir ihn mit Gefühlen, wie zum Beispiel Dankbarkeit oder Freude, in Verbindung bringen.

Der Grund, weshalb wir Affirmationen so oft und für längere Zeit wiederholen sollten, ist Folgender: Der Verstand arbeitet gegen uns. Er versucht immer rationale Gründe zu finden, die uns zweifeln lassen. So bringt der Verstand die Energien durcheinander. Wir möchten aber, dass die Energien, die wir aussenden, um unsere Ziele zu erreichen, in die richtige Richtung geschickt werden. Also müssen wir unseren Verstand davon überzeugen, dass wir tatsächlich an die Erfüllung unserer Wünsche glauben. Und das geschieht durch die kontinuierliche Wiederholung.

Ob eine bestimmte Affirmation richtig für dich ist, lässt sich leicht prüfen. Höre in dich hinein während du es sagst. Wie fühlt es sich an, was machen diese Worte mit dir? Lösen die Worte Zweifel oder Verspannung aus, dann formuliere sie um. Es ist sehr wichtig, dass die Affirmation wirklich zu dir passt.

Mantra bedeutet „Spruch" und ist eine kraftvolle, universelle Formulierung. Diese traditionellen Worte, Silben oder Sätze in Sanskrit finden ihre Praktiken in Gruppen oder alleine. Sie werden gesprochen, gesungen oder meditiert. Sie beruhigen und senden Heilimpulse an Körper und Geist. Die Gedanken werden aus negativen Gefühlen, wie Angst und Zweifel, herausgeholt und wir können uns wieder auf das besinnen, was uns wichtig ist. Viele Mantras zielen darauf ab, in die bedingungslose Liebe zu kommen. Liebe ist die größte Heilkraft in uns, sie stellt das Ego in den Hintergrund und öffnet das Herz.

Die konditionierten Schwingungsmuster werden ins Positive verändert und somit lassen sich auch Probleme lösen. Um unser Inneres am besten mit dem Mantra zu verbinden, beginnen wir mit dem *Japa* (Wiederholung) in der gesprochenen Form, gehen langsam in den Flüsterton über und gelangen dann zum gedanklichen *Japa*. Die Wiederholung im Geist ist nicht nur die Wirkungsvollste für einen selbst, die Schwingungen gehen auch in die Atmosphäre über.

Mantras werden in Yogastudios, die Yoga in seinem gesamten spirituellen Umfang unterrichten, gesungen. Wenn wir ein Mantra selbst für uns nutzen möchten, sollten wir es uns vorher von einem Yogi zeigen lassen. Denn nur der richtige Klang und Rhythmus entfaltet die volle Wirkung.

Das wichtigste Mantra ist das „OM", das „AUM" gesprochen wird. Es steht für die Dreieinigkeit wie Vergangenheit, Gegenwart und Zukunft oder die Götter Shiva, Vishnu und Brahma. Dieser Klang ist der Urklang des Universums, die Einheit. Der richtige Ton führt zu innerer Ruhe, Harmonie und Zentrierung. Er wirkt sich positiv auf die Chakren aus und stärkt die Aura. Außerdem reinigt es den Raum von schlechten Energien.

Die Fülle

Fülle kann alles bedeuten, was glücklich und zufrieden macht. Liebe, Wohlstand, Reichtum, Gesundheit, wunderschöne Erlebnisse, um einige Beispiele zu nennen. Entscheide selbst, was Fülle für dich persönlich ist. Das Universum zieht keine Grenze und bestimmt, wer auf der einen und wer auf der anderen Seite steht. Diese Grenze erschaffen wir uns durch unser Denken und Handeln und stehen uns dadurch selbst im Weg. Wir haben jedoch den Anspruch, auf die andere Seite zu wechseln. Fülle ist ein Geburtsrecht.

Fülle ist keinesfalls negativ behaftet. Wir müssen uns nicht schämen, wenn wir sie bereits haben und auch nicht, wenn wir sie uns wünschen. Es hat auch nichts mit Egoismus zu tun, denn es ist genug für jeden da. Wir nehmen niemandem etwas weg, wenn wir mehr besitzen. Viele denken, dass spirituelle Menschen in Zurückhaltung und fast schon in Armut leben sollten. Das ist ein

Irrtum. Geld ist nicht schmutzig und macht auch keinen schlechten Charakter. Es kommt immer darauf an, was wir daraus machen. Geiz verschließt, Großzügigkeit öffnet.

Wenn wir glauben, dass wir Fülle nicht verdienen, ist das ein Gefühl der Trennung. Wir sind aber eins mit dem Universum und allem Leben auf der Erde. Also warum sollte ein einzelner weniger verdienen als ein anderer? Das würde doch keinen Sinn ergeben.

Du findest 5 Euro auf der Straße und ein paar Tage später erhältst du plötzlich einen 50 Euro Strafzettel, kommt dir solch eine Situation bekannt vor? Das Geld rinnt dir durch die Finger, das Glück will nicht an deiner Seite bleiben und die Kunden rennen weg? Dann hast du möglicherweise ein Mangeldenken.

Aber was ist mit Mangel gemeint? Es ist das bewusste oder auch unbewusste Gefühl, immer weniger zu haben als andere. Sei es Geld, Besitz, Liebe, Schönheit, Intelligenz und so weiter. Wir spüren eine Leere in uns, die wir mit anderen Dingen aufzufüllen versuchen. Doch die meisten wissen eigentlich gar nicht, dass überhaupt eine Leere vorhanden ist, noch um welche Art es sich handelt. Mangel ist eine Blockade, die wir durch falsche Glaubenssätze kreieren. Daher ist es wichtig, mit der Arbeit im Inneren zu beginnen.

Es gibt Möglichkeiten, wie wir die Fülle in unser Leben ziehen. Dafür sollten wir zuerst die negativen Glaubenssätze aufspüren und auflösen: „Das Leben ist hart", „Ich verdiene es nicht, Glück zu haben", „Ich bin es nicht wert". Doch, wir verdienen es und wir sind es wert! Wir transformieren diese falschen und ausgedienten Sätze, denn sie ziehen genau das Unerwünschte an, und ersetzen sie durch positive Affirmationen, wie zum Beispiel:

„Ich ziehe Fülle in mein Leben."

Oder wir definieren, in welchem Lebensbereich die Fülle zu uns kommen soll:

„Ich ziehe Gesundheit / Erfolg / die wahre Liebe in mein Leben."

Wir können sie uns mehrmals täglich aufsagen oder aufschreiben und gut sichtbar anbringen. Wichtig ist, dass wir unseren Geist klar danach ausrichten, sie manifestieren und leben. Wir sind bereit, alles anzunehmen und willkommen zu heißen, was uns persönlich glücklich macht. Wir zeigen Dankbarkeit für das, was wir sind, was wir bereits haben und für das, was wir noch bekommen werden. Die Wertschätzung uns selbst, aber auch unserer Wünsche und Träume gegenüber, muss gelernt werden und ist Gold wert.

Manche Menschen leben die Fülle einseitig. Es nutzt aber nicht viel, sie nur innen oder außen zu besitzen. Sie beginnt im Inneren und wächst dadurch auch nach außen. Die hermetischen Gesetze lehren uns in diesem Zusammenhang wie wichtig es ist, etwas von dem Wohlstand, der Liebe und des Glückes an andere abzugeben. Fülle ist Energie, die fließen muss, um an seinen Absender zu-rückzukommen.

„Jeder Mensch verdient so viel wie der andere.
Das ist die kosmische Ordnung. Das ist die Einheit."

Raziel

Unsere Tiere

Tiere sind die ehrlichste Form, die es in der irdischen Welt gibt. Sie sind fühlende Wesen mit einer Seele, sie empfinden Freude und Trauer, genau wie wir. Nicht nur, dass sie uns eine mentale Stütze sind und uns glücklich machen, ihre Anwesenheit hat auch eine Bedeutung im energetischen Sinn. Der Geistheiler und Schamane Vadim Tschenze (*1973) sagt, dass Tiere astral sehen. Sie können unterscheiden, wer gute Energie spendet und wer von anderen absaugt. Man kann Tiere als Anhaltspunkt nehmen, um zu sehen, ob man eine gute Energie ausstrahlt. Sie entscheiden daher, wem sie nahekommen möchten. Katzen sind wie Vampire, sie saugen schlechte Energien ab und lösen Blockaden. Hunde geben Energie[14]. Daher ist es nicht verwunderlich, dass Tiere zu Therapiezwecken mit in Krankenhäuser oder Flugzeugkabinen dürfen. Sie strahlen eine Ruhe und Kraft aus, wie sie ein Mensch in gewissen Situationen nicht bieten kann.

Wir können uns einiges von ihnen abschauen, denn in gewissen Punkten sind sie uns sogar voraus. Und zwar wenn es um das rationale Denken geht. Wir drehen uns mit unseren Gedanken im Kreis, machen uns verrückt bis wir Kopfschmerzen bekommen. Tiere haben es ein-

---

[14] Vadim Tschenze „Alte russische Karma- und Reinkarnationslehre", Corona Verlag, 5. Auflage 2007, S. 27

facher. Sie folgen ihrem Instinkt und hören auf ihr Inneres. Sie sind mit der geistigen Welt noch so stark verbunden, dass Übersinnliches für sie ganz normal ist. Auch materielle Dinge spielen keine Rolle. Sie wollen einfach nur behütet sein.

Tiere reinkarnieren genau wie wir, nur etwas schneller. Ob sie auch als Menschen wiedergeboren werden können, ist nicht ganz klar. Einige behaupten, dass sie es im menschlichen Körper versuchen dürfen, wenn sie hoch genug entwickelt sind. Andere sagen klar, dass Tiere immer Tiere sein werden. In einem Fall von Dr. Jan Erik Sigdell sah sich eine Klientin als Tier. Sie musste wohl einmal die Erfahrung in der tierischen Verkörperung machen, um aus der Kopflastigkeit herauszukommen.

Da Tiere im Reinkarnationskreislauf eingeschlossen sind, gilt auch für sie das Gesetz des Karmas, denn wie jedes denkende Wesen haben sie auch den freien Willen. Ihr Lebens- beziehungsweise Seelenplan sieht ebenfalls vor, Blockaden aufzulösen und eine höhere Entwicklung anzustreben. Dies können wir an bestimmten Tieren in unserem Umfeld feststellen, wenn wir genau hinschauen. Da finden wir ein Verhalten und Charakterzüge, die fast schon menschlich sind.

Vor vielen Jahren fragte ich meine Oma im Channeling, ob es einen Tierhimmel gibt. Sie verneinte und ich war erst sehr enttäuscht. Aber dann meinte sie: "Die sind doch alle bei uns". Sie erzählte außerdem, dass meine Hündin schon einmal bei mir gewesen ist. Als ich dann so darüber nachdachte, war es mir auch vollkommen klar. Ich hatte einen Hund bei einem Züchter im Auge und die Termine zum Kennenlernen standen fest. Kurz davor machte mich meine Freundin auf einen Tierschützer aufmerksam, dessen Organisation Welpen von der Straße holte. Sie hatte ihn beim Spaziergang mit seinen derzeit drei Schützlingen kennengelernt. Als ich diesen süßen weiß-braunen Fellknäuel bei ihm sah, wusste ich sofort, dass das „Meine" ist. Im Nachhinein fiel mir auf, dass ich zu dem anderen Hund, trotz der Bilder von Ultraschall bis Geburt, keinerlei Bezug hatte. Das Schicksal hat alles richtig gemacht.

Es heißt, unsere Haustiere spiegeln uns. Dies wird damit untermauert, dass sie unsere Krankheiten übernehmen. Es gibt viele Fälle, in denen der Mensch zum Beispiel an Krebs leidet und das Gleiche dann auch beim Tier festgestellt wird. Tierkommunikatoren sagen, entgegen der Meinung vieler, dass das Tier dies nicht aus Liebe und Verbundenheit zum Besitzer tut, sondern weil es sich im gemeinsamen Energiefeld aufhält und somit der gleichen Krankheit ausgesetzt ist. Fest steht aber, das Tier ist nicht durch Zufall oder umsonst bei uns. Es macht uns darauf aufmerksam, woran wir an uns selbst arbeiten müssen. Zeigt es aggressives, passives, aufgekratztes oder sonst auffälliges Verhalten, sollten wir überlegen, welche Umstände in unserem Leben dazu führen könnten.

Bei all diesen positiven Erkenntnissen ist es eine Schande, wie die Menschen Tiere behandeln. Ich denke, das kann so klar gesagt werden. Die Menschen halten sich für etwas Besseres, das höchste der Schöpfung, Tiere und Natur sind ihre Untertanen. Aber die Quittung in Form von Karma wird es geben. Tiere zu quälen, zu erniedrigen und auf bestialische Weise zu töten, daran werden die Menschen noch zu knabbern haben. Wir müssen nicht alle Vegetarier oder Veganer sein, aber zumindest ist Respekt und Dankbarkeit dem Tier gegenüber angebracht, dessen Fleisch oder Produkt (wie etwa Milch, Joghurt) wir konsumieren. Auch die Haltung im Zoo und im Zirkus ist fragwürdig. Man nimmt den Tieren die Freiheit, die sie mehr als verdient haben. Die Menschen fühlen sich so erhaben, dass sie die Zerstörung der Natur bewusst in Kauf nehmen. Aber was wäre die Welt ohne Tiere? Was wäre sie noch wert?

„Das Leben aller Lebewesen, seien es nun Menschen, Tiere oder andere, ist kostbar und alle haben dasselbe Recht, glücklich zu sein. Alles, was unseren Planeten bevölkert, die Vögel und die wilden Tiere sind unsere Gefährten. Sie sind ein Teil unserer Welt, wir teilen sie mit ihnen."

Dalai Lama

Träume

Träume schicken uns unzählige Botschaften als Ausdruck unseres Seelenlebens. Doch meistens erinnern wir uns nicht an die verschlüsselten Bilder, oder wir verstehen sie einfach nicht. Dabei kann die Deutung sehr wertvoll sein, denn das Unterbewusstsein weiß einfach mehr als das Wachbewusstsein.

Für die Buddhisten ist der Wachzustand immer gehemmt. Der wahre Kern eines Menschen kommt nur in seinen Träumen zum Vorschein. Buddhisten suchen für jeden Traum nach dessen Bedeutung, da sie an seine ideenbildende Aktivität glauben. Träume gelten im Buddhismus nicht als Illusion, sondern sie befreien den Menschen von Illusionen. Buddha wurde, als er noch lebte, von König Pasenadi zu dessen 16 Träumen befragt. Der König konnte die Omen nicht deuten, die ihm erschienen waren und suchte Rat. Die Voraussagen, die Buddha daraufhin machte, werden heute noch als Richtlinien zur Trauminterpretation verwendet.

Gehen wir zurück zur westlichen Traumdeutung. Wie gehen wir am besten vor? Wichtig ist das Gefühl, das wir nach dem Aufwachen haben. Beinhaltet der Traum einen „Tagesrest"? Das bedeutet, dass der Traum einen Zusammenhang mit etwas hat, das wir am Tag zuvor erlebt haben. Dies können beispielsweise Einzelheiten aus unserem Abendfilm sein oder ein aufwühlendes Gespräch mit einem anderen Menschen. Wir sollten diese noch un-verarbeiteten Eindrücke mit in die Deutung einbeziehen. Alles was uns im Traum erscheint, kann von Bedeutung sein und muss beachtet werden. Symbole genauso wie Zahlen, die uns erscheinen. Taucht eine Zahl auf, sollten wir uns fragen, was vor x Jahren gewesen ist oder was ist vorgefallen, als wir x Jahre alt waren. Welche Gefühle hatten wir im Traum, sind die Reaktionen typisch für uns selbst gewesen? Welche Veränderungen und Ereignisse beschäftigen uns gerade und welchen Bezug kann der Traum darauf haben? Es gibt so viele Informationen, die wir für uns nutzen können.

Träume werden in verschiedene Traumgruppen einge-teilt. Zu diesen gehören vorausweisende Träume, Angst- oder Albträume, Todesträume, Flugträume und viele mehr. Eine besondere Art ist das luzide Träumen, das hauptsächlich während der REM-Phasen[15] auftritt. Das ist ein Wach- oder Klartraum, in dem wir uns bewusst darüber sind, dass wir gerade träumen. Wir haben die Entscheidung, wie der Traum verläuft und können aktiv eingreifen. So können wir unsere Ängste herausfordern, bestimmte Abläufe üben oder Gestalten, wie zum Bei-spiel Lichtwesen, um Rat fragen. Diese Art des Träumens können wir erlernen. Wünschen wir uns vor dem Ein-

---

[15] Rapid-Eye-Movement - Schlafphase, die mit dem Wachzustand nahezu identisch ist

schlafen wiederholt, dass wir jetzt einen Klartraum erleben werden, programmieren wir somit unser Unterbewusstsein darauf. Das funktioniert meistens nicht beim ersten Mal, ein bisschen Übung gehört schon dazu. Eine uralte tibetische Methode ist das Traumyoga. Dadurch soll ein wacher Bewusstseinszustand während des Träumens erreicht werden. Hilfreich ist es auch, ein Traumtagebuch zu führen. Das verbessert die Fähigkeit, sich an Träume zu erinnern.

Es gibt ein Ereignis, das ebenfalls während des Schlafens stattfinden kann. Das ist so spannend, dass ich es dir natürlich nicht vorenthalten möchte. Es nennt sich Astralreise und ist eine Art der „Out-of-body experience", der außerkörperlichen Erfahrung. Das Bewusstsein wechselt in den Astralkörper[16] und löst sich vom physischen Körper ab. Es tritt aus der materiellen Ebene aus und begibt sich auf eine andere Bewusstseinsebene. Je nach Erfahrungsgrad der Seele kann das Bewusstsein in immer höhere Dimensionen eintreten und diese erkunden. Im Normalfall fliegt es an einen anderen Ort, schaut sich die Welt von oben an oder beobachtet sogar den eigenen schlafenden Körper. Aber keine Sorge, die Seele bleibt während diesem Ausflug mit ihrem Körper durch die Silberschnur verbunden. Dieses Phänomen kommt häufiger vor, als wir vermuten. Allerdings können sich die

---

[16] Feinstofflicher Energiekörper, der den physischen Körper umgibt. Eine Schicht der Aura.

meisten Menschen nicht daran erinnern oder sie glauben, dass sie alles nur geträumt haben.

Träumen ist für uns so selbstverständlich, dass wir die heilende Wirkung unserer Träume wenig wahrnehmen. Dabei wirkt der Vorgang an sich schon ausgleichend, da er durch die Verarbeitung der Tageserlebnisse für die seelische Gesundheit sorgt. Manchmal werden wir durch eine Gestalt, die erscheint, auf etwas aufmerksam gemacht, das wir für unser inneres Gleichgewicht benötigen. Oder das Unterbewusstsein lässt uns von der Lösung eines Problems träumen, die wir mit dem Aufwachen sofort in Angriff nehmen, da wir einfach wissen, dass sie richtig ist.

„Der Traum ist der beste Beweis dafür, dass wir nicht so fest in unsere Haut eingeschlossen sind, als es scheint."

Friedrich Hebbel

Traumarbeit

Du kannst aktiv mit deinen Träumen arbeiten, indem du die geistige Welt einbindest. Überlege dir vor dem Einschlafen deine Frage. Formuliere sie klar in einem kurzen Satz. Wiederhole diese Frage dreimal. Fühle dich ganz in das Thema rein. Dann bitte die Engel oder deinen Geistführer, die Frage in deinem Traum so deutlich wie möglich zu beantworten. Die Antwort kann trotzdem einen symbolischen Charakter haben oder völlig präzise sein. Es ist auch möglich, dass ein Engel erscheint, mit dem du dich unterhalten kannst. An diese Information wirst du dich sehr genau erinnern können. Wenn du nach dem Aufwachen denkst, dass du keine Antwort bekommen hast, versuche es erneut. Dein Unterbewusstsein möchte erst darauf trainiert werden.

Teil 5

Der Ausgleich

Die Gabe der Übersinnlichkeit ist ein Geschenk und an sich natürlich unbezahlbar. Viele denken, was man geschenkt bekommen hat, darf man nicht verkaufen. Dabei wird vergessen, dass es hier um die Zeit, Mühe und die Kraft geht, die zur Verfügung gestellt werden. Selbst ein Lichtarbeiter kann seine Miete nicht mit Licht bezahlen. Wie jeder andere Mensch haben wir laufende Kosten und Rechnungen zu bezahlen. Wir haben ein angemeldetes Gewerbe, für das Steuern fällig sind, sowie Gebühren für Aus- und Weiterbildungen. Die Materialien, die wir für die Ausübung unserer Arbeit benötigen, können ebenfalls teuer sein.

Doch es geht nicht nur um den finanziellen Ausgleich, sondern auch um kosmische Aspekte. Die Gesetzmäßigkeit auf der Erde verlangt ebenso eine andere Art des Ausgleichs - Geben und Nehmen. Es muss ein karmisches Gleichgewicht herrschen. Dieses Prinzip gilt für alle Situationen, in denen Menschen miteinander zu tun haben. Jede Art der Beziehung sollte ausgewogen – im Gleichgewicht sein. Man sagt: „Nehmt ihr, ohne zu geben, so wird euch genommen." Wie der Ausgleich stattfindet, kann sehr unterschiedlich sein. Es muss sich nicht immer um Geld handeln. Es kann genauso ein Tauschgeschäft oder ein Gefallen vereinbart werden.

Mit der Hilfe eines spirituellen Coachs haben wir die Möglichkeit innerlich zu wachsen, uns selbst zu erkennen und dadurch das Lebensglück zu erfahren, das wir uns wünschen. Wir bekommen so viel zurück, viel mehr als wir bezahlen. Demnach investieren wir nur indirekt in eine Dienstleistung, sondern in uns selbst. Das kann ich aus eigener Erfahrung sagen.

Wir erbringen eine Leistung und die hat ihren Preis. Dieser sollte selbstverständlich angemessen und fair sein.

Kann Spiritualität abhängig machen?

Ja, Spiritualität kann tatsächlich abhängig machen. Genauso wie nach bestimmten Substanzen und Verhaltensweisen, können wir auch nach spirituellen Erfahrungen süchtig werden. Auslöser für eine Abhängigkeit können äußere Einflüsse, sowie innere Faktoren sein. In beiden Fällen sollte die Situation schnell erkannt und bearbeitet, beziehungsweise für Abstand gesorgt werden.

Spirituelle Berater und Lehrer können uns einen Leitfaden an die Hand geben, um uns bei unserer Entwicklung zu unterstützen. Um die eigene Unabhängigkeit zu erreichen sollten wir viel lesen, zuschauen und zuhören um zu lernen. Das Ziel ist es sozusagen flügge zu werden.

Es ist allerdings nicht der richtige Weg, wenn wir unser Denken und Handeln zu sehr von anderen bestimmen lassen und unser Leben in deren Hände geben. Sicher kennen wir alle das schöne Gefühl, wenn wir eine Person im spirituellen Bereich gefunden haben, der wir vertrauen und deren Aussagen für uns stimmig sind. Auch wenn alles so gut passt, ist es wichtig, dass wir uns nicht abhängig machen. Wenn wir ständig Termine vereinbaren, an dessen Lippen kleben, nur noch seine oder ihre Worte als einzige Wahrheit ansehen und wir diese Person wie einen Guru verehren, ist das nicht im Sinne unserer Weiterentwicklung. Wir vermuten hinter jeder

Kleinigkeit, die uns widerfährt, eine tiefere Bedeutung und wollen das weitere Vorgehen unbedingt sofort besprechen. Alles, was der Berater sagt oder rät, setzen wir direkt um, ohne irgendetwas zu hinterfragen. Und irgendwann beginnen wir fast jeden Satz mit: „Mein Spiri-Berater sagt …"

In den sozialen Netzwerken können wir unseren auserwählten Favoriten folgen, ihre Texte lesen, Videos anschauen und Kommentare hinterlassen. So können wir sie in ihrer Arbeit unterstützen und zeigen unsere Wertschätzung. Selbstverständlich können wir sie ebenfalls immer um Rat fragen, egal zu was und wann, das ist schließlich deren Job. Ein verantwortungsbewusster spiritueller Coach oder Berater empfiehlt allerdings nach jeder Beratung einen größeren zeitlichen Abstand einzuhalten. Während der Wartezeit sollen wir die Ergebnisse sacken lassen, verarbeiten und die Entwicklung beobachten. Diese Zeit ist sehr wichtig und daher sollten wir der Empfehlung folgen.

In eine Abhängigkeit können wir uns ebenfalls begeben, wenn wir ständig nach Antworten in unterschiedlichen Quellen suchen. Wir rennen von Pontius zu Pilatus, um eine Lösung für unser Problem zu finden. Wir konsultieren verschiedene Kartenleger und Medien und gehen zu unzähligen Beratungsterminen. Doch alle Antworten, die wir erhalten, gefallen uns nicht, sind nicht genug, nicht die Richtigen oder die Realität ist anders als vorhergesagt eingetreten. Immer wieder fragen wir nach: „Warum ist das passiert? Woran hat es gelegen? Was geschieht als nächstes?" Und je mehr Berater wir konsultieren, desto mehr unterschiedliche Antworten erhalten wir und sind am Ende verwirrter als am Anfang. Jeder von ihnen interpretiert die Ergebnisse zu unserer Situation anders und lässt eine andere Intuition mit einfließen. Auch in den eigenen vier Wänden hören wir nicht auf nach Antworten zu suchen. Wir haben unsere Karten und das Pendel immer griffbereit, befragen und orakeln bevor wir überhaupt das Haus verlassen. Wir müssen schließlich wissen, was draußen möglicherweise warten könnte. Das Kartenblatt sagt heute vielleicht etwas anderes als gestern oder es geht einfach um die Bestätigung, dass alles noch beim Alten ist. Wie man es auch dreht, es ist nie genug.

Es gibt leider auch schwarze Schafe unter den Beratern, die ihre Klienten in einem Spinnennetz fangen möchten. Ihre Honorare sind oft viel zu hoch und die Klienten werden nicht ohne zusätzliche Angebote oder Schreckensnachrichten entlassen. Selbst wenn die Klienten ihr Thema bereits abarbeiten und klären konnten, erzählen diese Berater ihnen von weiteren Problemen, die sie scheinbar haben. Dabei handelt es sich meist um Flüche oder Besetzungen. Diese Aussagen beunruhigen und verunsichern natürlich. Die Berater versuchen außerdem noch Hausreinigungen, Partnerschaftsrituale und Schutzzauber zu verkaufen, diese seien zwingend notwendig um den Weg frei zu gehen. Gefahren lauern schließlich überall. Sie schüren Ängste, ziehen so die Ratsuchenden bewusst in eine Abhängigkeit und sichern sich ihre eigenen Einkünfte. Lehnen die Klienten ein Angebot aufgrund fehlender finanzieller Mittel ab, schlagen diese Berater vor, sich das Geld zu leihen oder einen Kredit aufzunehmen. Sie schrecken auch nicht davor zurück, ihre Klienten über einen langen Zeitraum telefonisch zu belästigen. Durch diese Menschen, die glücklicherweise die Ausnahme bilden, hat die Branche in einigen Bereichen einen sehr schlechten Ruf bekommen.

Ein Tipp von mir:

Solltest du feststellen, dass du bei einem dieser Berater gelandet bist, bezahle die bereits erbrachte Leistung und verlasse anschließend den Ort. Gehe auf keine Angebote, emotionale Erpressung oder sogar Drohungen ein. Blockiere dessen Nummer, sodass kein telefonischer Kontakt mehr möglich ist. Wenn du unsicher bist, ob dieser Berater mit seinen Behauptungen bezüglich eines Fluches oder sonstiger Probleme möglicherweise recht haben könnte, hole dir eine zweite Meinung ein.

Wie in jeder Art der Abhängigkeit ist das Risiko des massiven Geldverlustes sehr hoch. Das kann in seltenen Fällen auch im finanziellen Ruin enden. Es ist deshalb wichtig, dass wir unsere Finanzen immer im Blick haben und abwägen, ob die nächste Ausgabe wirklich notwendig ist und ob wir sie uns überhaupt leisten können.

Es ist ein Kreislauf, aus dem man nicht nur schwer wieder herauskommt, sondern es schadet auch der Gesundheit und dem Wohlbefinden. In der Folge werden das geistige Wachstum und die spirituelle Entwicklung gehemmt. Die Zeit, die wir stundenlang im stillen Kämmerlein mit Zukunftsprognosen und Sinnesfragen verbringen, lässt sich in der Natur oder mit guten Freunden doch viel besser genießen.

Gewisse Themen, wie gescheiterte Liebesangelegenheiten, sind nur schwer zu begreifen. Die Qual ist kaum zu ertragen und es schmerzt besonders, wenn wir die Gründe und den Sinn dahinter nicht verstehen. In so einer Situation suchen wir nach etwas, das alles leichter machen soll. Es spricht nichts dagegen, sich den einen oder anderen Rat einzuholen. Dennoch ist es wichtig, dass alles in Maßen abläuft. Wir sollten immer einen klaren Kopf bewahren. Meditieren kann uns dabei helfen, unsere innere Ruhe und Gelassenheit wiederherzustellen. Die Antworten werden uns nicht immer auf dem Silbertablett serviert, nicht einmal von medialen Profis. In welchem Umfang und wann wir den Sinn verstehen, hängt von anderen Faktoren ab. Vielleicht ist die Zeit noch nicht reif, um an die Hintergründe zu gelangen. Oder es wird blockiert, weil wir momentan noch nicht in der Lage sind, es zu verkraften. Es kann viele Gründe geben. Vertrauen wir doch dem Universum, es wird unsere Fragen zu gegebener Zeit beantworten.

Spirituelle Lebenshaltung und Prinzipien

Einige ungeschriebene Gesetze sollten immer und von jedem Berater und Heiler eingehalten werden. Sie gelten jedoch auch, wenn du keine Arbeit im alternativen Heilbereich ausüben möchtest. Denn diese Prinzipien bilden die Grundlage einer spirituellen Lebenshaltung.

- *Sei dir deiner Verantwortung bewusst und handle immer nach bestem Wissen und Gewissen.*

- *Frage immer um Erlaubnis, bevor du jemandem hilfst. Gehe niemals in das System einer anderen Person, ohne einen ausdrücklichen Auftrag. Auch wenn es gut gemeint ist und du nur helfen möchtest, geht es dich nichts an und kann die Privatsphäre verletzen. Außerdem kann es sein, dass derjenige sein Problem aus irgendwelchen Gründen behalten möchte.*

- *Gib anderen stets das Beste, das du zu bieten hast oder gib den Auftrag ab. Das bedeutet, wenn du Zweifel hast, ob deine Methode das Richtige für die jeweilige Person ist, sei fair und lehne mit Begründung ab oder verweise auf einen kompetenten Kollegen.*

- *Sage niemanden, dass er ein Problem hat, wenn du keine Lösung anbieten kannst. Du könntest die Person sonst mit mehr Problemen entlassen, als vorher vorhanden waren.*

- *Die Namen der Klienten und deren Gründe, weshalb sie zu dir gekommen sind, sowie die Inhalte einer Sitzung sind vertraulich.*

- *Nimm alle Menschen, die dich um Hilfe bitten, ernst und zeige deine Wertschätzung. Auch wenn du ein Problem nicht nachvollziehen kannst, steckst du nicht in dessen Haut und weißt nicht, wie belastend es sein kann.*

- *Bringe deine Klienten in keine spirituelle Abhängigkeit. Mache ihnen keine Angst, um sie bei der Stange zu halten.*

- *Gib deine negative Stimmung nicht weiter. Jeder hat mal einen schlechten Tag, das darf ruhig so sein. Aber dann setze deine Arbeit für diese Zeit aus.*

- *Sei ein authentisches Vorbild. Was du anderen empfiehlst, solltest du auch selbst einhalten.*

- *Gehe aus den Todsünden raus. Besonders Habgier und Neid sind bei spiritueller Arbeit absolut fehl am Platz. Bereichere dich nicht über die Maßen an deinen Klienten. Biete faire Preise an und halte dich an Absprachen. Sei nicht neidisch auf Kollegen, die mit ihrer Arbeit erfolgreicher sind und lege ihnen keine Steine in den Weg. Arbeite an deinem Erfolg, wenn du ebenfalls nach oben willst.*

- *Kein geistiger Diebstahl an anderen Beratern. Du kannst dir bei ihnen Inspirationen für beispielsweise Text- und Videoveröffentlichungen einholen, ahme aber niemanden nach! Finde deine eigenen Wege, etwas zu präsentieren und sei einzigartig. Ich bin mir sicher, dass du selbst wunderbare Ideen hast.*

- *Tue nichts, was anderen Menschen oder der Erde schaden könnte. Setze deine Energie nicht als Waffe ein. Rache, Vergeltung und die Erteilung von Lektionen sind tabu.*

- *Habe keinen Geltungsdrang. Sei bescheiden im Umgang mit deinen Fähigkeiten.*

- *Sei positiv und versuche in jedem Menschen und jeder Situation etwas Gutes zu sehen.*

- *Vertraue dem Universum und seinen Helfern voll und ganz, nimm dein Leben jedoch selbst in die Hand.*

- *Die Arbeit an dir und mit dir hört nie auf, egal wie alt und erfahren du bist. Reflektiere dich und gestehe dir Fehler ein. Werde dir Deiner Schattenseiten bewusst.*

Wenn du diese moralischen Grundsätze beachtest, hast du gute Chancen auf Erfolg. Die Menschen kommen gerne, wenn sie dir vertrauen können.

In Teil 1 habe ich bereits Gaia, unsere Mutter Erde, angesprochen. Wir sind alle mit ihr verbunden und müssen sie deshalb schützen. Aber was kannst du persönlich für Gaia tun? Welchen Beitrag kannst du leisten?

Als spiritueller Mensch weißt du, dass es auf viel mehr ankommt, als es den äußeren Anschein hat. Daher ist es wichtig, Verantwortung zu übernehmen und für diejenigen zu sprechen und zu handeln, die es selbst nicht können. Das fängt bei den kleinen Dingen an. Du kannst die Natur schützen, indem du sorgfältig mit Ressourcen umgehst und auf falsche Inhaltsstoffe und Verpackungsmaterialien von Produkten achtest. Überdenke deinen Konsum und informiere dich über bessere Alternativen, durch die unsere Umwelt weniger belastet wird. Du kannst ebenfalls deine Stimme für Tiere erheben und ihnen helfen, wenn sie ungerecht behandelt werden.

Was genau du beiträgst, bleibt dir natürlich selbst überlassen. Ich möchte dich dazu inspirieren, die Welt in der wir alle gemeinsam leben, etwas genauer und vor allem kritischer zu betrachten. Die Natur ist ein Geschenk und wir sollten respektvoll mit ihr umgehen. Wenn jeder Mensch ein Steinchen setzt, kann ein Berg entstehen. Damit ist nicht gemeint, dass du eine Heilige oder ein Heiliger werden sollst, ganz bestimmt nicht. Sei ein Mensch, dafür bist du hier. Schalte dein Herz ein und versuche auf deine eigene Weise, die Welt ein Stückchen besser zu machen.

Gelebte Spiritualität in der Öffentlichkeit – Warum kann das so schwer sein?

Wir denken uns nichts dabei, erzählen in einer netten Runde von unseren spirituellen Ansichten und rums, der Gegenwind. Die einen lachen, andere verdrehen die Augen oder es hagelt böse Kommentare. Das ist natürlich nicht schön und kann dazu führen, dass wir unsere Aussagen sehr schnell bereuen. Es setzt sich ebenfalls eine gewisse Angst im Inneren fest, die künftig zu mehr Schweigsamkeit rät. Negative Situationen, in denen wir beispielsweise lächerlich gemacht werden, hemmen den natürlichen Umgang mit der Spiritualität.

Wir schauen uns das Thema mal aus verschiedenen Sichtweisen an. Beginnen wir mit unserer Seite, die der spirituellen Menschen. Dies lässt sich mit der Spiegelfunktion, dem Resonanzprinzip, erklären. Wenn wir nicht zu unserer eigenen Einstellung stehen, sie nicht frei und unbeschwert leben, können dies andere Personen spüren. Die auch noch so kleine innere Unfreiheit entsteht durch Angst. Angst ist eine Energie, die losgelassen werden möchte. Bleibt sie in unserem System, kommen immer wieder die gleichen Situationen auf uns zu. Um diesen Kreislauf zu beenden, müssen wir erst die Angst durch innere Arbeit überwinden. Wenn der Widerstand von außen kommt, sollten wir den Widerstand in unserem Inneren aufspüren und lösen. Wir schicken also die Gegenspieler in uns selbst vom Platz. So vergrößern wir die Möglichkeit, unsere Schwingungen zu erhöhen. Andere Menschen nehmen dies unbewusst wahr und dienen nicht mehr als Spiegel.

Es ist sehr wichtig, dass wir uns fokussieren, um uns selbstbewusst und authentisch zu präsentieren. Das geht natürlich nicht von heute auf morgen, es ist ein Lernprozess. Wir müssen mit uns selbst geduldig sein. Manche benötigen Jahre, um sich öffentlich dazu bekennen zu können. Obwohl wir momentan in einer Zeit leben, in der die Spiritualität fast schon in „Mode" kommt, verstecken sich viele noch hinter Pseudonymen in den sozialen Netzwerken. Solange wir also sozusagen einen Eiertanz veranstalten und die Unsicherheit zeigen, bewusst oder unbewusst, können wir von außen angegriffen werden. Das ist ein Indiz dafür, dass wir uns noch nicht klar ausgerichtet haben. Und ebenso das Zeichen, endlich damit zu beginnen. Wir sollten uns nicht selbst oder durch andere in unserer eigenen Entwicklung ausbremsen lassen.

Stehen wir hingegen mit erhobenem Haupt und klarer Stimme, aber vor allem aus tiefster Überzeugung zu unserer Meinung und unserem Standpunkt, wird uns Akzeptanz entgegengebracht. Außerdem strahlt diese innere Veränderung nach außen und wir ziehen automatisch Menschen an, die unsere Ansicht teilen. Mit der Zeit entwickeln wir auch ein Gespür dafür, mit wem wir über Spiritualität sprechen können und mit wem nicht. Dann lassen wir das Thema einfach aus. Zu erkennen, wann Reden Silber und Schweigen Gold ist, ist auch ein Zeichen von Entwicklung. Das bedeutet nicht, dass wir unsere Einstellung verleugnen, wir besitzen einfach Gelassenheit. Andere Menschen sind halt anders.

Beleuchten wir nun die atheistische Seite. Grundsätzlich können wir sagen, dass viele Atheisten spirituell sind, es aber nicht wissen, da ihnen die Berührungspunkte im Leben fehlen. Haben sie irgendwann mit spirituellen Menschen zu tun, sei es bei der Arbeit oder im Freundeskreis, zeigen sie sich häufig offen gegenüber diesem Thema oder sie bleiben in einer neutralen Haltung. Es kommt auch vor, dass jemand einen anderen Glauben hat und mit der Zeit, durch zum Beispiel den Beziehungspartner, in die freie Spiritualität hineinwächst.

Es sind schätzungsweise 25 Prozent der Menschheit, die eine strikte Abwehrhaltung gegenüber der Spiritualität haben. Übersinnliches entspricht weder ihrer Vorstellungskraft, noch passt es in ihr Weltbild. Selbst wenn sie in manchen Situationen verletzende Reaktionen zeigen, sind sie keinesfalls die Bösen. Denn, wie schon erwähnt, weisen sie auf die noch ausstehende Arbeit in uns selbst hin. Trotzdem ist es bei ihnen tatsächlich besser, den Bereich völlig außen vor zu lassen, da immer ein Veto kommen würde. Sie glauben nur an Dinge, die sich wissenschaftlich erklären lassen. Die Einstellung entspricht ihrer freien Wahl und diese muss respektiert werden. Wir sind nicht da, um zu belehren oder zu bekehren.

Ein wichtiger Aspekt ist das Annehmen. So wie wir uns selbst als spirituelles Wesen erkennen und annehmen, so sollten wir auch andere Menschen mit ihren gegensätzlichen Meinungen annehmen. Wir akzeptieren, dass sie sich auf einer anderen Entwicklungsstufe befinden und dass jeder für sich selbst entscheidet was richtig und falsch ist. Diese Einstellung bringt uns weiter in unsere Mitte und schafft Entspannung und Ausgeglichenheit. Andere können das fühlen und bringen es uns ebenso entgegen.

Hast du noch Platz im Gepäck?

Ich möchte das letzte Kapitel dazu nutzen, dir noch ein paar persönliche Worte auf deinen Weg mitzugeben.

Spiritualität ist ein Baum mit vielen Ästen und Zweigen. Das bedeutet, dass sie sehr vielseitig ist. Sie führt in verschiedene Richtungen und jeder fühlt sich in eine andere gezogen. Nicht nur die Praktiken sind unterschiedlich, sondern auch die Ansichten von spirituellen Menschen gehen auseinander. Das Internet ist heutzutage eine tolle Sache. Es überflutet uns jedoch mit vielen Informationen zur Spiritualität, die teilweise so kontrovers sind, dass uns schwindelig wird.

Fühlt es sich gut an, was du gelesen hast, oder was dir eine andere Person geraten oder als Botschaft überbracht hat? Geht es dir besser oder schlechter damit oder zieht es dich geradewegs in einen Sog? Schränkt dich diese Information ein und als Folge verbietet sie Dinge, mit denen du dich bisher wohlgefühlt hast? Behauptet jemand, dass seine Sichtweise und Technik die ultimative Lösung für alle Probleme bringt? Du musst nicht alles glauben, was man dir sagt, das ist deine persönliche Freiheit. Niemand pachtet das Recht und die Fähigkeit, der gesamten Menschheit mit seiner Methode helfen zu können, für sich. Ein guter spiritueller Lehrer oder Berater bietet seine Hilfe und Unterstützung an, lässt aber auch andere

Standpunkte zu. Genauso würde eine vertrauensvolle Person niemals sagen, dass deine spirituelle Überzeugung oder Lebensweise falsch sei und dir daraufhin Vorschriften machen, wie du etwas zu korrigieren hast.

Deshalb bitte ich dich, auf dein Inneres zu hören. Die Wahrheit liegt in dir selbst. Finde deinen eigenen Weg und lass dich nicht davon abbringen. Du bist perfekt ausgestattet, und zwar mit einer Intuition, einem Bauchgefühl und einer geistigen Unabhängigkeit. Nutze sie!

Ein anderes Thema sind unsere Schattenseiten. Wir sind alle inkarniert, um Mensch zu sein. Nichts anderes. Dazu gehört die Dualität und somit auch die Schattenseiten. Auch wenn manche behaupten, dass diese bei spirituellen Menschen keine Daseinsberechtigung haben sollten, sind sie doch ein Teil von jedem. Du musst nicht versuchen, alle negativen Aspekte von dir wegzuschieben oder zu verbannen. Jeder hat eine Vergangenheit, die bestimmte Merkmale hervorgebracht hat. Verurteile dich nicht dafür. Mal davon abgesehen, dass es nicht gesund ist, kann es tief im Inneren brodeln und irgendwann explodieren. Bringe deine guten Eigenschaften und deine Schattenseiten in Einklang. Ich spreche nicht von der Förderung negativer Wesenszüge, sondern von Akzeptanz und der Erkenntnis, dass wir alle nicht perfekt sind. Wir können nur versuchen, das Beste daraus zu machen.

Du verbringst die meiste Zeit mit dir selbst und du musst es mit dir aushalten können. Also nimm alles an, was zu dir gehört und schaffe einen Platz der Harmonie im Inneren. Setze dich nicht unter Druck und arbeite Stück für Stück daran.

„Keiner ist perfekt. Perfektionismus ist nur ein Ausdruck der Vorstellung."

Jophiel

Spiritualität soll in erster Linie Spaß machen. Du sollst Freude daran haben, dich mit ihr zu beschäftigen. Nutze sie für mehr Lebensenergie, dich selbst kennenzulernen und um dein persönliches Glück zu finden.

Ich hoffe, dass ich dir mit diesem Buch den Einstieg in die spirituelle Welt erleichtern und dir wertvolle Informationen und Tipps geben konnte. Ich wünsche dir von Herzen alles Gute für deinen weiteren Weg.

Teil 6

Glossar

A

Affirmation:

Bejahende Worte oder Sätze, die durch ständige gedank-
liche oder gesprochene Wiederholung das Denken positiv
beeinflussen und so die Energie in die gewünschte Richtung lenken.

Akasha-Chronik:

Sanskrit für *Äther*. Informationen über sämtliche Erfahrungen, Gedanken und Gefühle der eigenen Seele (während und zwischen den Inkarnationen), die aus dem
Energiefeld *Akasha* ausgelesen werden können.

Alt-Tamil:

Diese altindische Sprache, in der viele wichtige Schriften
und Mantras geschrieben sind, stammt aus der dravidi-
schen Sprachfamilie und ist über 2000 Jahre alt.

Astralebene:

Das ist die Dimension, in der sich die Seelen während der
Zeit zwischen den Inkarnationen aufhalten.

Astralkörper:

Dieser bezeichnet eine der Auraschichten. Es ist ein feinstofflicher Energiekörper, der den physischen Körper wie
eine Hülle umgibt.

Astralreise:

Das Bewusstsein verlässt den Körper während einer Meditation oder wenn dieser schläft. Dies ist eine Art der *außerkörperlichen Erfahrung*, engl. *Out-of-body experience*.

Atheist:

Dieser schließt die Existenz eines Gottes aus. Dazu zählt auch das Universum und sämtliche feinstoffliche Existenzen und Vorgänge.

Aufgestiegener Meister:

Ein Lichtwesen, das selbst mindestens einmal inkarniert war, sich im menschlichen Körper sehr stark weiterentwickelt hat und aus dem Reinkarnationskreislauf aussteigen konnte. Existiert nun als reines Lichtwesen in der Kausalebene.

Aunda Healing:

Heilmethode, bei der sich die Frequenz *Aunda* über die Schmerzwelle legt und die Selbstheilung durch Auflösung des Ursprungs des Ungleichgewichts aktiviert wird.

Aura:

Feinstofflicher Lichtkörper aus mehreren Schichten, der den physischen Körper wie eine Hülle umgibt.

Authentisches Ich:

Wir bestehen aus den beiden Teilen *Authentischem Ich* und dem *Ego*. Das *Authentische Ich* ist unser wahrer Kern, unser Ursprung und hält die Verbindung zum Universum aufrecht.

Äther:

Auf Sanskrit *Akasha*. Es ist ein Energiefeld, das die Grundlage und Essenz allen Lebens und aller Dinge bildet und das den Bereich oberhalb der irdischen Sphäre erfüllt. Es speichert alles Feinstoffliche wie Gedanken, Gefühle und Schwingungen, aber auch Grobstoffliches und dessen Energie. Im Hinduismus wird es als fünftes Element angesehen.

B

Bauchgefühl:

Das *Gehirn des Bauches* meldet sich, wenn es auf ein bereits bekanntes, im System gespeichertes Thema aufmerksam machen möchte. Zuordnung: Sakral- und Solarplexuschakra

Besetzung:

Bezeichnet den internen Fremdeinfluss einer Seele oder Wesenheit im Menschen, um dessen Körper zu übernehmen. Auch Besessenheit genannt.

Blockade:

Der Verursacher kann man selbst, oder eine andere Person sein. Die Blockade kann in einem früheren oder in diesem Leben entstanden sein. Kann zu Einschränkungen im Leben, aber auch zu Krankheiten führen oder man kommt in seinen Vorhaben nicht weiter.

C

Chakra:

Feinstoffliches Energiezentrum im physischen Körper, das Lebensenergie aufnimmt und über Energiebahnen an das nächste Chakra weiterleitet.

Channeling:

Ein Medium bildet einen Kanal, um Informationen der geistigen Welt (Geistwesen, Seelen) an uns zu übermitteln.

D

DGH:

Dachverband Geistiges Heilen e.V.
Verein, dem jeder Heiler freiwillig beitreten kann und der Informationen für Mitglieder und Klienten zur Verfügung stellt.

Dualität:

Es gibt immer zwei entgegengesetzte, dennoch aufeinander bezogene Kräfte. Diese können nicht ohne einander existieren. So könnte man nicht wissen was Helligkeit ist, wenn es keine Dunkelheit geben würde.

Dualseele:
Die andere Hälfte der eigenen Seele, welche sich irgendwann in der Lichtwelt geteilt hat.

E

Ego:
Lateinisch für Ich. Wir bestehen aus zwei Teilen, dem Authentischen Ich und dem Ego. Das Ego ist der Teil, der uns von unserem universellen Einheitsgefühl abspaltet und welcher den Verstand regelt.

Eingebung:
Information der geistigen Welt, die durch das Kronenchakra empfangen wird.

Engel:
Lichtwesen mit einer hohen Schwingung. Sie beschützen und helfen in unserer Weiterentwicklung.

Erden:
Das bedeutet, sich bewusst mit dem Boden unter den Füßen zu verbinden. Dies wird erreicht, indem man visualisiert, wie Wurzeln aus der Fußsohle ragen und tief in die Erde bis zu Gaia hinunterreichen. Gaia nimmt die schlechte Energie in sich auf und schickt gute Energie durch die Wurzeln nach oben in den Körper. Dies führt

zu mehr Stabilität und einem sicheren Stand im Leben. Hilfreich unter anderem bei Kreislaufbeschwerden.

Erzengel:
Diese Lichtwesen sind die direkten Boten zwischen dem Universum und uns. Jeder von ihnen hat bestimmte Funktionen und Aufgaben. Der mächtigste Erzengel ist Michael.

Esoterik:
Aus dem Griechischen übersetzt bedeutet es *das innere, verborgene Wissen/zum inneren Kreis gehörig.* Der Glaube an Kräfte und Vorgänge, die weit über die Naturwissenschaften hinausgehen.

F

Familienaufstellung:
Stellvertreter nehmen die Plätze von Familienmitgliedern ein. Durch das morphogenetische Feld fühlen sich diese in die Konfliktsituation ein und so können generationsübergreifende Strukturen und Dynamiken aufgespürt, verändert und gelöst werden.

Feinstofflichkeit:
Energetische Schwingung, welche nur durch Übersinnlichkeit wahrnehmbar ist.

Fluch:

Spruch, der durch Rituale oder starke Gedankenkraft über einen Menschen gelegt wird, um Unheil zu bringen. Auch Bann, Verwünschung oder Belegung genannt.

Foppgeist:

Geerdetes, feinstoffliches Wesen, das aus Langeweile spukt. Dies kann auf harmlose, aber auch auf grausame Art sein.

Fremdeinfluss:

Die Wirkung einer fremden Seele, Wesenheit oder auch Energie, die den Menschen im Denken und Handeln von außen beeinflusst.

G

Gaia:

Sie ist der Mittelpunkt der Erde – Mutter Erde. Sie sorgt für das Wachstum allen Lebens, schenkt gute Energie und nimmt Schlechte in sich auf.

Ganzheitlichkeit:

Um den Körper gesund zu erhalten oder eine Heilung zu erzielen, werden Körper, Geist und Seele zu gleichen Teilen einbezogen und behandelt.

Geerdete Seele:

Seele, die nach dem Tod ihres physischen Körpers noch nicht in die Lichtwelt eingetreten ist und sich noch in unserer Welt befindet.

Geistführer:

Dieser ist ein Lichtwesen, ein Engel, der einem bestimmten Menschen zugeteilt ist. Jeder von uns hat seinen Geistführer immer seiner Seite.

Grobstofflichkeit:

Sichtbare Materie, welche durch die fünf Sinne wahrnehmbar ist.

H

Hellfühligkeit:

Bezeichnet die Gabe, Schwingungen und Energieflüsse, sowie Empfindungen und Gefühle anderer wahrzunehmen.

Hellhörigkeit:

Bezeichnet die Gabe, Informationen in Form von energetischen Schwingungen mit dem inneren Ohr wahrzunehmen, die vom Gehirn in unsere Sprache übersetzt werden.

Hellsichtigkeit:

Bezeichnet die Gabe, Bilder und Abläufe mit dem dritten Auge, beziehungsweise vor dem inneren Auge, zu sehen.

Hellwissenheit:

Bezeichnet die Gabe, Eingebungen der geistigen Welt zu erhalten, die durch das Kronenchakra empfangen werden.

Hermetische Gesetze:

Die sieben Gesetze (Prinzipien) des *Hermes Trismegistos* bilden die Naturgesetze allen Lebens und bezeichnen die kosmische Ordnung und die Gesetzmäßigkeiten, in denen es keine Zufälle gibt.

Ho´oponopono:

Aus den hawaiianischen Kahuna-Wissenschaften stammende Selbsthilfemethode zur Konfliktlösung, um persönliche und zwischenmenschliche Probleme mithilfe des Resonanzprinzips zu lösen.

I

Ida und Pingala:

Nadis (Energiekanäle), die sich um den Sushumna-Kanal winden, beginnend im Wurzelchakra bis zum Kronenchakra. Ida steht für die Mondenergie, Pingala für die Sonnenenergie.

Inkarnation:

Verkörperung, lat. Incarnatio *Fleischwerdung*. Die aktuelle Verkörperung einer Seele in einem physischen Körper.

Interner Einfluss:

Die Wirkung einer fremden Seele oder Wesenheit, die den menschlichen Körper übernimmt und beeinflusst.

Intuition:

Das *Gehirn des Herzens* leitet die Information aus den Wahrnehmungskanälen an das Gehirn weiter. Zuordnung: Stirnchakra.

K

Karma:

Sanskrit für *Tat, Handlung*. Bezeichnet das Zusammenspiel von Ursache und Wirkung. Jede Handlung, geistig und körperlich, zieht entsprechende Konsequenzen nach sich. In dieser oder einer folgenden Inkarnation erntet man das, was man gesät hat. Positiv und negativ.

Karmischer Lernpartner:

Mit diesem wurde in der Astralwelt eine Verabredung für die aktuelle Inkarnation zugunsten des Lerneffekts getroffen.

Kausalebene:

Dies ist die Dimension mit sehr hohen und feinen Schwingungen, in der sich nur reine Geistwesen aufhalten.

Ki:

Japanisch für *Lebenskraft* oder *Atem*. Dieser Begriff bezeichnet die feinstoffliche Lebensenergie im physischen Körper.

Krafttier:

Spiritueller Begleiter in Tiergestalt. Dieses Geistwesen gilt im Schamanismus als Schutzengel, das dem Menschen, den es sich ausgesucht hat, in seiner Weiterentwicklung hilft.

Kundalini:

Sanskrit für *zusammengerollte Schlangenkraft*. Es bezeichnet die feinstoffliche Energie im Menschen, die durch die Yogapraxis erweckt wird und zur Erleuchtung führt.

L

Lichtwesen:

Feinstoffliche Wesen ohne physischen Körper, die aus reiner Energie bestehen. Sie sind unsere Wegweiser und helfen uns in der Weiterentwicklung. Dazu gehören Engel, Erzengel, aufgestiegene Meister und Geistführer. Ebenso Naturgeister wie Feen und Elfen.

Lung:

Tibetisch für *Lebenskraft* oder *Atem*. Dieser Begriff bezeichnet die feinstoffliche Lebensenergie im physischen Körper.

Luzider Traum:

Klartraum, in dem sich der Träumer darüber bewusst ist, dass er träumt.

M

Mangel:

Das Gefühl weniger zu haben, beziehungsweise weniger zu besitzen, als andere. Etwas im Leben fehlt und muss durch andere Dinge ersetzt werden.

Manifestation:

Dies bezeichnet das Erschaffen, das Realwerden.

Mantra:

Universelle Formulierung in *Sanskrit*, die gesprochen, gesungen oder meditiert wird, um Heilimpulse an Körper und Geist zu senden.

Matrix-Feld:

Strukturfeld (Energiefeld) aus reinem Bewusstsein.

Meridiane:

Begriff aus der chinesischen Lehre für die Energiebahnen im physischen Körper, welche die Lebensenergie *Qi* zu den Organen transportieren.

Morphogenetisches Feld:

Griechisch *morphe – Form, genesis – Entstehen*. Bewusstseinsfeld, aus dem Informationen aufgenommen werden. Es macht die Kommunikation zwischen Lebewesen ohne direkten Kontakt zueinander möglich.

Musterverstärker:

Ursache für das heutige Problem liegt in einem früheren Leben, zeigt sich aber erneut als Erfahrung in abgewandelter Form, in beispielsweise der Kindheit.

N

Nadi-Leser:

Diese betreuen die Palmblattbibliotheken in Indien und Sri Lanka, suchen die richtigen Blätter für die Besucher und lesen diese vor. Sie sind in der Lage, die Sprachen *Sanskrit* und *Alt-Tamil* zu lesen und zu übersetzen.

Nadis:

Sanskrit für *Röhre*. Dieser Begriff stammt aus den Kundalini-Yogaschriften und steht für die Energiekanäle im physischen Körper, die Lebensenergie *Prana* zu den Organen transportieren.

P

Palmblattbibliothek:

Hier werden die Blätter der Stechpalme aufbewahrt, welche von den sieben heiligen Rishis in Sanskrit oder Alt-Tamil beschrieben wurden. Diese Informationen darauf wurden aus der *Akasha* ausgelesen. Die Schriften werden von *Nadi-Lesern* betreut und sie geben Auskunft über Vergangenheit, Gegenwart und Zukunft des Besuchers.

Planchette:

Hilfsmittel, um die Botschaften aus dem Jenseits *aufzuschreiben*. Die Finger werden auf die Planchette gehalten und diese führt die Spitze, oder das Loch, zu den Buchstaben auf dem Ouija-Brett.

Prakriti:

Sanskrit für das physische Bewusstsein.

Prana:

Sanskrit für *Lebenskraft* oder *Atem*. Dieser Begriff bezeichnet die feinstoffliche Lebensenergie im physischen Körper.

Pranaheilung:

Heilmethode, bei der das Energiefeld mit frischem *Prana* (Lebensenergie) angereichert und verbrauchte Energie beseitigt wird.

Q

Qi:

Chinesisch für *Lebenskraft* oder *Atem*. Dieser Begriff bezeichnet die feinstoffliche Lebensenergie im physischen Körper.

Quantenheilung:

Heilmethode, bei der das vegetative Nervensystem auf Heilung umschaltet und so Blockaden gelöst werden können.

R

Rauhnächte:

Zeit der traditionellen Bräuche und Rituale vom 25. Dezember bis 06. Januar.

Reiki:

Heilmethode, bei der durch spezielles Handauflegen die Lebensenergie *Ki* in den Körper fließt und so zur Harmonisierung des Energiehaushaltes führt.

Reinkarnation:

Lateinisch für *Wiedergeburt, Wiederfleischwerdung*. Die Seele bekommt, nach ihrem Aufenthalt in der Astralwelt, einen neuen physischen Körper.

REM Phase:
Rapid-Eye-Movement – Schlafphase, die mit dem Wachzustand nahezu identisch ist.

Resonanz:
Gleiches zieht immer Gleiches an. *In Resonanz gehen* bedeutet, dass man mit etwas übereinstimmt.

Rishis:
Diese *großen Seher* und *Meister* lebten ca. 5000 v. Chr. und begründeten den Hinduismus und das Yoga. Die sieben Hauptrishis lasen für mehrere Millionen Menschen, aber auch für Orte und Länder, die *Akasha* aus und schrieben die Informationen auf Palmblätter.

Rückführung:
Heilmethode, bei der die Ursache für heute Probleme und Konflikte in einer früheren Inkarnation angeschaut wird, um diese aufzuarbeiten und zu lösen.

S

Samhadhi:
Sanskrit für das kosmische Einheitsbewusstsein.

Sanskrit:
Altindisch für *die Wohlgeformte*. Diese heilige Sprache ist mindestens 3500 Jahre alt und ist die Sprache der Gelehrten, der Mantras und des Yogas.

Schamanismus:

Lebensweise, welche die Balance zwischen den Lebewesen, der Natur und den kosmischen Kräften in Einklang hält.

Schattenseiten:

Eigenschaften in sich selbst, die als negativ oder sogar verwerflich angesehen werden und schwer zu akzeptieren sind. Auch *die dunkle Seite der Seele* genannt. Dazu ist zu unterscheiden, welche Schattenseiten durch eigene Toleranz integriert werden können und welche aus ethischen und moralischen Gründen bearbeitet und gelöst werden sollten.

Seelenpartner:

Diesen kennt man aus einem oder mehreren früheren Leben. Das Universum führt zugunsten des Lerneffekts wieder zusammen.

Seelenvertrag:

Vereinbarung zwischen zwei oder mehreren Seelen, oder nur mit der eigenen Seele, die während der Zeit in der Astralwelt für die nächste Inkarnation, beziehungsweise nächsten Inkarnationen, geschlossen wird.

Seelenverwandter:

Das ist ein Mensch aus demselben Seelenkreis oder der Seelenfamilie. Diesen kennt man aus einem oder mehreren früheren Leben.

Sieben Todsünden:

Dies sind die schlechtesten Charaktereigenschaften des Menschen, die es zu vermeiden gilt, um sich kein negatives Karma anzuhäufen – Hochmut, Habgier, Wollust, Zorn, Völlerei, Neid und Trägheit.

Siebte Ebene:

Das ist die höchste Ebene des Universums, in der alles aus reinem, weißen Licht und feinster Energie besteht. Auch *Alles was ist* und *Ebene allen Seins* genannt.

Silberschnur:

Energetische Verbindungsschnur zwischen dem Astralkörper und dem physischen Körper.

Spiegelgesetz:

Andere Menschen spiegeln unbewusst die eigenen inneren Wunden und Unfreiheiten, indem sie durch ihr Verhalten genau darauf abzielen. Das führt zu emotionaler Verletzung und Kränkung. Diese Art des Resonanzprinzips soll auf unverarbeitete Probleme im Inneren aufmerksam machen und zur Lösung animieren. Auch *psychologischer Spiegel* genannt.

Sushumna:

Sanskrit für *graziös*. Dieser wichtigste Nadi ist der zentrale Energiekanal, der entlang der feinstofflichen Wirbelsäule verläuft. Die sieben Hauptchakren liegen auf der Sushumna.

Séance:
Spirituelle Sitzung mit mehreren Personen, in der Kontakt mit dem Jenseits aufgenommen wird.

T

Telepathie:
Informationen im morphogenetischen Feld, die in Form von Gedanken übertragen werden. Dieser übersinnliche Austausch von Emotionen, Eindrücken und Ideen ist über jede räumliche Entfernung möglich.

Therapeutic Touch:
Heilmethode, die im Energiefeld des Klienten ein heilendes Energiemuster wiederherstellt, um körpereigene Heilungsprozesse zu unterstützen, Schmerzen zu lindern und um wieder ins Gleichgewicht zu kommen.

ThetaHealing™:
Heilmethode, bei der das Gehirn des Ausführenden in einen schlafähnlichen Zustand versetzt wird. Die Theta-Wellen sind verlangsamt und so kann das Bewusstsein durch das Kronenchakra zur Siebten Ebene des Universums gesendet und eine Heilung des Klienten erzielt werden.

Totemtier:
Geistwesen im Schamanismus, das jedem Menschen nach seiner Geburt zugeordnet wird. Es begleitet und beschützt ein Leben lang.

Transformation:

Bezeichnet die positive Veränderung in der persönlichen Entwicklung, den Übergang in eine neue Stufe durch Erkenntnisse und Arbeit an sich selbst.

U

Umsessenheit:

Bezeichnet die Anwesenheit eines feinstofflichen, erdgebundenen Wesens, das durch eine besondere Verstrickung zu einem Menschen oder dessen negative Praktiken angezogen wird.

W

Wirbelsäulenbegradigung:

Heilmethode, bei der eine verkrümmte Wirbelsäule durch Energiearbeit wieder aufgerichtet und in ihre natürliche Position zurückgebracht wird.

Y

Yin und Yang:

Bezeichnet die Dualität. Das Yin-Yang-Prinzip besagt, dass es immer zwei entgegengesetzte, dennoch miteinander im Einklang stehenden Kräfte gibt. Das eine kann ohne das andere nicht existieren. In dem Yin-Yang-Symbol steht die schwarze Hälfte (Yin) für das Weibliche, die weiße Hälfte (Yang) für das Männliche.

Z

Zwillingsseele:

Diese hat eine große Ähnlichkeit und charakterliche Übereinstimmungen mit der eigenen Seele. Möglicherweise kennt man sich bereits aus einem oder mehreren früheren Leben.

Danksagung

Ich möchte mich bei allen bedanken, die mich auf diesem langen Weg unterstützt haben. Der Zuspruch, die vielen netten Worte, haben mich immer wieder aufs Neue motiviert.

Miriam, vielen Dank für deine ständige Hilfe, Inspiration und die Vorschläge zur Themenwahl.

Eva, ich danke dir für das erste Korrekturlesen, die konstruktive Kritik und die mentale Unterstützung.

Papa, vielen Dank für die Unterstützung beim Erstellen der Dateien ... und dass ich deinen Laptop so lange in Beschlag nehmen durfte.

Yani, you´ve listened patiently and supported me with constant motivation. Thank you so much for that.

Vanessa, vielen Dank für das Korrekturlesen und die hilfreichen Tipps und Hinweise.

Kai, ich danke dir, dass du für schnelle Fragen zur Korrektur immer erreichbar warst und mir geholfen hast.

Danke an das Team vom Fotostudio Pelz, der Nachmittag bei euch hat mir sehr viel Spaß gemacht.

Chiara, ich bin so dankbar, dass wir zusammengeführt wurden. Deine Bilder haben das Buch so viel schöner gemacht.

Sandra, ich danke dir vielmals, dass du das Lektorat übernommen hast. Die Zusammenarbeit mit dir hat das Beste aus mir herausgeholt und mein Buch sehr bereichert.

Ein großes Danke auch an deinen Kollegen Thomas!

Quellennachweis

Teil 1:

Yogawiki, Autor unbekannt, 07.04.2019
  https://wiki.yoga-vidya.de/Spiritualität

Die sieben Todsünden, Autor Frank Hoefer, 13.03.17
  http://die-sieben-todsuenden.blogspot.com/2011/04/liste-der-sieben-todsunden.html?m=1

Wirkende Kraft, Autor Katharina Linhart, 15.03.17
  https://www.wirkendekraft.at/Kosmische_Gesetze/

MentalBusiness, Autor Thomas Menk, 24.02.19
  https://mentale-intuition.de/die-intuition/erklaerungsmodelle/morphisches-feld/

TherMedius, Autor Jan-Henrik Günter, 24.02.19
  https://www.hypnoseausbildung-seminar.de/hypnoseartikel/morphogenetischesfeld/

Bild: M.B. Knauer und Chiara Krause

Chakren.net, Autor David Rotter, 24.02.19
  https://www.chakren.net

Green Chakra, Autor Sascha Planert, 24.02.19
  https://www.saschaplanert.de/chakren-der-tiere.html

Docplayer, Autor Kathrin Jaeger, 25.09.19
https://docplayer.org/21478030-Grundlegendes-zu-den-farben-und-formen-der-aura.html

Elis-Dream Catcher, Autor Elena Kehagias, 24.04.17
  http://www.elis-dreamcatcher.com/AuraFarben.htm

Viversum GmbH, Autor Viversum Redaktion, 24.02.19
  https://www.viversum.de/online-magazin/aura-sehen

Chakren.net, Autor David Rotter, 14.04.17
  https://www.chakren.net/chakrenlehre/kundalini

Impulsmanagement, Autor Theresa von Avila, 30.04.17
  http://www.impulsmanagement.ch/wissenswertes/meridiane/

Viversum GmbH, Autor Viversum Redaktion, 25.02.19
  https://www.viversum.de/online-magazin/energetische-hausreinigung

Die Gelassenheitsformel, Autor Sylvie Hueb, 29.04.17
  https://www.gelassenheitsformel.com/blog/bauchgefuehl-oder-intuition-so-koennen-wir-unsere-innere-stimme-entwickeln/

Teil 2:

Raum&Zeit Ausgabe 165/2010, Autor Alexander Teetz, 23.09.19
   https://www.raum-und-zeit.com/gesundheit/energie-medizin/die-
   matrix-zur-heilung.html
Vianna Stibal „ThetaHealing – Die Heilkraft der Schöpfung"
   Allegria/Ullstein Verlag, 11. Auflage 2017, S. 21, 35f, 290, 304
Helena Kaletta „Ho'oponopono – Die heilsame Kraft der Vergebung",
   Schirner Verlag, 1. Auflage 2016, S. 8
Homepage Sergej Lazarev, Autor unbekannt, 29.04.17
   http://www.lazarevsn.com
Lichtkreis.at, Autor unbekannt, 29.04.17
   https://lichtkreis.at/wissenswelten/reiki-wissen/dritter-grad/
Stefanie Marquetant: Spiritual Artist & Engel Coach,
   Autor Stefanie Marquetant, 25.02.19
   https://stefaniemarquetant.com/wie-du-mit-dem-vergebungs-ritual-
   hooponopono-im-alltag-effektiv-aerger-zweifel-transformierst
Dachverband Geistiges Heilen e.V., 24.02.19
   https://www.dgh-ev.de/ueber-den-dgh-ev/regelwerke/ethik-kodex.html
Regula Elizabeth Fiechter „Mystisches Lenormand",
   Königsfurt Urania Verlag, 8. Auflage 2011, S. 7, 253, 255, 256ff, 262, 263f
Viversum GmbH, Autor Viversum Redaktion, 29.07.19
   http://www.viversum.de/online-magazin/kipperkarten-legen
Wahrsagekarten.de, Autor unbekannt, 29.07.19
   http://www.wahrsagekarten.de/kipperkarten/
   geschichtekipperkarten.html
Esoterik Wissensbase, Autor Andreas Rebmann, 18.08.19
   www.spirituelle.info/artikel.php?id=27
Lucy Cavendish „Shadows & Light Orakel", Silberschnur Verlag, 2012
Susanne Hühn „Weil ich dich liebe…", Schirner Verlag 2014
Philognosie, Autor Martin Dembowsky, 25.02.19
   https://www.philognosie.net/spiritualitaet/ouija-brett-hexenbrett-
   geschichte-orakel-seancen
Vera Griebert-Schröder und Franziska Muri „Vom Zauber der
   Rauhnächte", Irisiana Verlag, 2013, S. 11, 22, 85
Steine im Web, Autor Michael Kehrein, 25.02.19
   https://www.heilsteine-im-web.de/
   index.php?PHPSESSID=863f62f1fcc9ad42b50a98f3d210731b

Viversum GmbH, Autor Viversum Redaktion, 25.02.19
  https://www.viversum.de/online-magazin/heilsteine
Stones forever, Autor Claudia Fehn-Schmitz, 25.09.19
  http://www.stones-forever.de/seite41.html
Bilder: Chiara Krause
Jan Erik Sigdell „Unsichtbare Einflüsse", Amra Verlag,
  Originalausgabe 2012, S. 43, 46ff, 51,
Regenbogenengel, Autor Christian Mayrhofer, 14.03.17
  http://www.regenbogenengel.com/engel
Miriam Krüger Mindset und Transformation, Langenhagen
  persönliches Gespräch/ Channeling 21.02.19

Teil 3:
Jan Erik Sigdell „Rückführung in frühere Leben", Heyne Verlag,
  Ausgabe 11/2014, S. 86f, 88f
Jan Erik Sigdell „Wiedergeburt und frühere Leben", Amra Verlag,
  Originalausgabe 2015, S. 212
Sanaya Roman und Duane Packer „Das Praxisbuch des Channelns",
  Heyne Verlag, 2015, S. 66
Jan Erik Sigdell „Rückführung in frühere Leben", Heyne Verlag,
  Ausgabe 11/2014, S. 56, 57, 60, 71, 73f, 75
Jan Erik Sigdell „Wiedergeburt und frühere Leben", Amra Verlag,
  Originalausgabe 2015, S. 252ff
Lightworkers, Autor Carmen Weber, 24.06.17
  http://www.lightworkers.de/seelenvertraege_loesen.html
Die Kraft der Seele, Autor Martina Haunert, 26.06.17
  http://www.diekraftderseele.de/seelenanteile-zurueckholen/
Zitat T: Kraftquelle, 26.08.19 https://www.kraftquelle-bgl.de/
  seelenpartner-zimmermann/
Jan Erik Sigdell „Rückführung in frühere Leben", Heyne Verlag,
  Ausgabe 11/2014, S. 32f
Gabrielle Orr „Akasha Chronik – One True Love", Ansata Verlag,
  2. Auflage 2015, S. 22, 36, 37f, 62f
Questico, Autor unbekannt, 03.03.17
  https://www.questico.de/magazin/spiritualitaet/palmblattbibliothek.do

Teil 4:

Esoterik Wissensbase, Autor unbekannt, 26.04.19
  http://www.spirituelle.info/artikel.php?id=6
Yogaeasy, Autor Christine Eitle, 14.07.17
  https://www.yogaeasy.de/artikel/die-fuenf-wichtigsten-mantras
Vadim Tschenze „Alte russische Karma- und Reinkarnations-
  Reinkarnationslehre", Corona Verlag, 5. Auflage 2007, S. 27
Jan Erik Sigdell „Wiedergeburt und frühere Leben", Amra Verlag,
  Originalausgabe 2015, S. 214f
Zitat Dalai Lama: Zitate zum Nachdenken, 26.04.19
  https://www.zitatezumnachdenken.com/dalai-lama/5836
Sabine Lechleuthner „Traumdeutung", Königsfurt Urania Verlag,
  Originalausgabe 2011, S. 7, 32f, 41, 65
Meditation Thailand, Autor unbekannt, 01.03.17
  http://www.meditationthailand.com/16voraussagen.html
Zitat F. Hebbel: Sasserlone, 26.08.19
  http://www.sasserlone.de/autor/109/friedrich.hebbel/

Teil 5:

Miriam Krüger Mindset und Transformation, Langenhagen,
  persönliches Gespräch 05.03.17
Miriam Krüger Mindset und Transformation, Langenhagen,
  persönliches Gespräch/ Channeling 21.02.19

Teil 6:

Wikipedia, Autor PhJ, 10.09.19
  https://de.m.wikipedia.org/wiki/Tamil
Aunda Healing, Autor Attilio Ferrara, 15.09.19
  http://www.aunda-healing.com/de/ueber-aunda.html
Gabrielle Orr „Akasha Chronik – One True Love", Ansata Verlag,
  2. Auflage 2015, S. 36
Yogawiki, Autor unbekannt, 15.09.19
  https://wiki.yoga-vidya.de/Pranaheilung
Secret Wiki, Autor Stefan Seidner-Britting, 15.09.19
  https://secret-wiki.de/wiki/Quantenheilung
Transformation, Autor unbekannt, 16.09.19
  https://transformation.net/das-vermaechtnis-der-sieben-weisen-rishis/
Yoga Vidya Vortrag Youtube vom 19.01.18, Sprecher Sukadev, 10.09.19

Yogawiki, Autor Sukadev, 10.09.19
  https://wiki.yoga-vidya.de/Sanskrit
Yogawiki, Autor Sukadev, 21.09.19
  https://wiki.yoga-vidya.de/Sushumna
Therapeutic Touch Deutschland, Autor Barbara Marcucci, 15.09.19
  http://www.therapeutic-touch-deutschland.com___was_ist_tt.html

Zitate der Erzengel gechannelt von M.B. Knauer
Autorenfoto: Fotostudio Pelz, Weinstadt